Ulrike Heider

Die Leidenschaft der Unschuldigen

Liebe und Begehren in der Kindheit
Dreizehn Erinnerungen

BERTZ + FISCHER

Bibliografische Information der Deutschen Nationalbibliothek
Die Deutsche Nationalbibliothek verzeichnet diese Publikation in der Deutschen Nationalbibliografie; detaillierte bibliografische Daten sind im Internet über <http://dnb.dnb.de> abrufbar.

Fotonachweis:
Umschlag vorne: Chris Piazza, Privatbesitz
Innenteil: Siehe S. 204

Umschlaggestaltung: D.B. Berlin

Der Verlag dankt für die freundliche Unterstützung bei der Bebilderung: Chris Piazza und Michael Hnatov, Gregor Cürten, Rosa von Praunheim, Sigrid Rothe und Thomas Geuskens.

Wrangelstr. 67, D-10997 Berlin
Druck und Bindung: druckhaus köthen, Köthen
Printed in Germany
ISBN 978-3-86505-243-8

Inhalt

Die mit * gekennzeichneten Namen sind auf Wunsch der Gesprächspartner zwecks Anonymisierung geändert.

Das Kind gilt als rein, als unschuldig, und wer es anders beschreibt, darf als ruchloser Frevler an zarten und heiligen Gefühlen der Menschheit verklagt werden.

Sigmund Freud

Frühes Liebesleben und die Wiederkehr der kindlichen Unschuld

Als ich vor einigen Jahren krank im Bett lag, überfiel mich die Erinnerung an meine erste Liebe. Nicht an die erste im üblichen Sinn, auf die ich warten musste, bis ich neunzehn war, sondern an die zu meinem Schulkameraden Ulrich, im Alter zwischen sieben und zehn. Immer wieder musste ich an ihn denken, sah ihn vor mir, sah uns zusammen in der Schule, sah unsere Lehrerin und überließ mich schließlich der Macht meiner Vergangenheit. Einzelne Erinnerungen fügten sich aneinander und formten eine Geschichte, die mich nicht mehr losließ, bevor ich sie niedergeschrieben hatte. Voll tiefer Sehnsucht war meine Romanze mit Ulrich, aber hoffnungslos unerfüllt, geprägt von Regeln und Verboten aus der tristen Adenauerzeit. Was wohl andere Kinder erlebt haben mögen, fragte ich mich und begann nach Antworten zu suchen.

Aus meiner Neugierde wurden zunächst lange Interviews mit Menschen aus unterschiedlichsten Lebensbereichen, die ihre Kindheitserinnerungen mit mir teilten. Ich sprach mit ihnen an meinen beiden Wohnorten, Berlin und New

York, auf Deutsch und auf Englisch im Zeitraum zwischen 2007 und 2009. Weil es mir auf der Hand zu liegen schien, dass das frühe Liebesleben das spätere prägt, befragte ich meine Protagonisten zu ihrer ganzen Biografie, so dass ich jedem ein Portrait widmen konnte. Manche ließen sich nicht oder nur zögernd darauf ein, blieben lieber bei der Kindheit, während viele mit Begeisterung den Bogen vom Kleinkindalter bis heute zu spannen wussten. Dreizehn der so entstandenen Gespräche habe ich ausgewählt, um das mir Anvertraute niederzuschreiben. Das Interviewerlebnis und in einigen Fällen auch frühere Begegnungen mit den Gesprächspartnern gingen in die Texte ein, denen ich die Erinnerung an meine eigene erste Liebe vorangestellt habe. Um die Authentizität der Geschichten zu wahren, habe ich sie so zum Druck gegeben, wie ich sie vor einigen Jahren geschrieben hatte.

Obwohl ich es besser hätte wissen müssen, erwartete ich zunächst vor allem Erinnerungen an frühes, heftiges Verliebtsein ohne sinnliche Konsequenzen – wie bei mir selbst. Nur ein Teil meiner Interviewpartner aber belieferte mich mit »unschuldigen« Geschichten. Von gewagten erotischen Abenteuern wurde mir stattdessen berichtet, von heimlichen Spielen und ungewöhnlichen Beziehungen. Kinder jeden Alters, stellte sich heraus, sind zu fast allem fähig, was erwachsenes Liebesleben auszeichnet. Ehrgeizig versuchen sie, es den Großen gleichzutun, und kühn überschreiten sie dabei die Grenzen der ihnen zugewiesenen Kinderwelt.

Mit zwei Ausnahmen waren alle Erzählwilligen über vierzig, viele weit älter. Dass sich der Wunsch nach biografischem Zurückblicken meist erst in der zweiten Hälfte des Lebens einstellt, ist bekannt. Und auch meine Erfahrung beim Fragen nach frühen Gefühlen, erotischen Wünschen und Erlebnissen zeigt, dass gerade darüber ältere Menschen leichter und lieber sprechen als junge. Der Abstand von Jahrzehnten scheint von Peinlichskeitgefühlen und moralischen Bedenken zu befreien. Mit moralischen Bedenken aber wurde ich schon während meiner Suche nach Mitwirkenden konfrontiert. Es gab Menschen, die auf meine Frage, ob sie mir von ihrem Liebesleben vor dem dreizehnten Lebensjahr erzählen würden, beleidigt reagierten, so als hätte ich ihnen ein obszönes Angebot gemacht. Schlimmer noch, wenn ich andeutete, dass einige der schon Interviewten von frühen Sexerlebnissen mit anderen Kindern berichtet hatten, von dem, was man so hässlich Doktorspiele nennt. Wenn ich gar sagte, dass sich in zwei Fällen kindliches Begehren auf Erwachsene bezog, erntete ich oft Empörung.

Als mein Manuskript im Jahr 2010 fertig war, konnte ich keinen Verlag dafür finden. Ein Literaturagent mit langjähriger Erfahrung hielt meine Arbeit für erfolgversprechend, stieß aber bei allen angefragten Lektoren und Verlegern auf Ablehnung. Obwohl keiner davon eine Begründung lieferte, muss man vermuten, dass die Enthüllungen des sexuellen Kindesmissbrauchs an katholischen Internaten und der Odenwaldschule des Jahres 2010 die Einstellung zum Kind verändert hatten. Dessen Liebesleben kann seither nur noch im Zusammenhang mit sexuellem Missbrauch gedacht werden. Aus meiner Sammlung von Kindheitserinnerungen war so ein moralisch fragwürdiger Text geworden. Meine ursprünglich harmlose Neugierde und die spielerische Freude am Erzählen von Geschichten hatten mich zur Überbringerin einer sexualpolitisch unliebsamen Botschaft gemacht.

Nur zwei Jahre vorher war es mir mühelos gelungen, den Auftrag für ein Radiofeature zum gleichen Thema zu bekommen. Die Sendung wurde mit prominenten Schauspielern besetzt und gut aufgenommen. Die »unschuldigen« Berichte allerdings kamen bei den Hörern besser an als die deftigen. Einige hatten nach dem Hören nur die romantischen Geschichten im Gedächtnis und verklärten sie ins

Märchenhafte. Viele dankten mir für die »schönen Erinnerungen«, die die Sendung in ihnen auslöste, und immer wieder fiel das Wort »zart«.

Sollte es etwa wiederkehren, das zarte, engelsgleiche Kinderwesen des 18. und 19. Jahrhunderts, das von der Liebe der Großen ebenso wenig wie von deren Laster weiß? Man denke an Jean-Jacques Rousseaus *Émile* (1762), der bis zur Pubertät nichts Sinnliches oder auch nur Emotionales empfindet und dessen Unschuld bis zum zwanzigsten Lebensjahr erfolgreich gehütet wird. Ist dieser bedauernswerte Junge nun wieder ein Vorbild? Nein, das wohl nicht, denn bestimmte Auswüchse der Geschichte widersetzen sich trotz aller Restaurationsbemühungen der Wiederkehr. Das gilt für das im 19. Jahrhundert entwickelte Bemühen, den Kindern Ekel und Widerwillen vor den Geschlechtsorganen zu vermitteln. Auch dass man vom Onanieren Knochenschwund und Gehirnaufweichung bekommt – in den Fünfzigerjahren des letzten Jahrhunderts noch eine weit verbreitete Mär –, wird nicht mehr behauptet werden. Die Antimasturbationsapparate des späten 18. Jahrhunderts wird wohl niemand nachbauen wollen. Und auch einen pflichtbewussten Privatlehrer wie Friedrich Hölderlin wird es nicht mehr geben, der seinen onaniegefährdeten Schüler Tag und Nacht beobachtet, bis er selbst, vom Schlafentzug zerrüttet, die Stelle kündigen muss.

Unter den Menschen, die Verständnis auch für meine nicht »unschuldigen« Geschichten aufbrachten, waren auffällig viele, die auf dem Land groß geworden waren. Der Umgang mit Tieren und ihrem Paarungsverhalten scheint Kinder früher auf die eigene Sexualität zu verweisen. Auf einem Bauernhof aufwachsen – vielleicht ist das bis heute noch ein wenig wie einst im Mittelalter, einer Epoche, der die Idee einer gegen die Erwachsenen abgeschirmten, unschuldigheilen Kinderwelt fremd war. Bis ins 16. Jahrhundert hinein waren kleine Kinder in alle Bereiche des Lebens integriert, mussten arbeiten und galten mit spätestens zehn Jahren als erwachsen. Im Guten wie im Bösen traute man ihnen alles zu, was die Großen können. So dachten nicht nur Bauern, Knechte und Handwerker, sondern auch die Privilegierten. Bei denen zum Beispiel erfreute sich die Geschichte des Kinderpaars *Flore und Blanscheflur* (12. bis 15. Jahrhundert) großer Beliebtheit, ein in verschiedenen, schön illustrierten Versionen verbreitetes höfisches Epos. Flore ist ein christlicher Königssohn, Blanscheflur die Tochter einer heidnischen Dienerin. Ähnlich wie zwei meiner Protagonisten werden die Kinder fast gleichzeitig geboren und zusammen aufgezogen. Fünf sind sie und lernen zusammen lesen und schreiben, als Flores Vater herausfindet, dass sein Sohn in die Tochter der Dienerin verliebt ist und sie heiraten will. Er lässt Blanscheflur außer Landes schaffen, und Flore versucht, sich mit dem Griffel zu töten, den ihm die Freundin geschenkt hatte. Als das nicht gelingt, stürzt er sich in die königliche Löwengrube, wird aber nicht gefressen. Ohne dass erkennbar Zeit verstrichen wäre, zeigt die Geschichte weiter den berittenen und bewaffneten Kö-

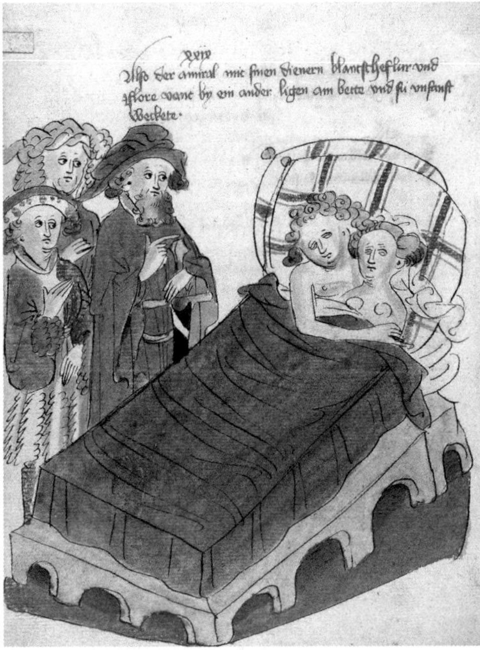

Flore und Blanscheflur werden zusammen im Bett ertappt (Diebold Lauber, ca. 1443)

nigssohn auf der Suche nach Blanscheflur. Nach etlichen Abenteuern und Bewährungsproben findet er sie, und alles wird gut.

Wie traumatisch Trennungen für verliebte Kinder sein können, das wusste man also schon im 12. Jahrhundert, und einige meiner Zeitzeugen des 20. haben es noch einmal bewiesen. Der Aufklärer und Wegbereiter der französischen Revolution Jean-Jacques Rousseau (1712–78) aber verkündete allen Ernstes, dass Kinder weder lieben noch erotisch empfinden können, sofern sie nicht auf unnatürliche Weise dazu gebracht, das heißt verdorben werden. Kindheit als eine eigene Zeitperiode und Daseinsweise entstand mit dem Aufstieg des Bürgertums. Dessen Geschäfte erforderten eine von Leistung und Disziplin geprägte moralische Einstellung, die es den Menschen schon früh, also in der Kindheit zu vermitteln gilt. Die entsprechende Erziehung der Kinder zum Triebverzicht ging mit ihrer moralischen Idealisierung, ihrer Behütung und Beaufsichtigung einher. Mehr Liebe, Sorge und Aufmerksamkeit ließ man ihnen jetzt zwar zukommen, aber man unterwarf sie in ihrem goldenen Käfig auch extremen Repressionen bis hin zu den genannten Maßnahmen der Antimasturbationspädagogik. Gegen Ende des 18. Jahrhunderts hatte sich die neue Auffassung von der Kindheit weitgehend durchgesetzt, einschließlich Rousseaus Lehre von der natürlichen Unsinnlichkeit des Menschen vor der Pubertät.

Dass Kinder überhaupt nichts fühlen, hat man dem Oberideologen der Unschuld allerdings nie so ganz abgenommen. Wie sonst könnten Hans Christian Andersens kleiner Kay und seine kleine Gerda aus der *Schneekönigin* (1844) sich schon zur Mitte des 19. Jahrhunderts so oft an den Händen halten? Ganz unschuldig tun sie das zwar, aber doch etwas mehr als geschwisterlich. »O Kay, kleiner Kay!«, seufzt Gerda, als sie ihn nicht finden kann. Und »Kay! Lieber kleiner Kay!« ruft sie, als sie ihn findet, umarmt und mit ihren heißen Tränen den kalten Klauen der Schneekönigin entreißt. Zum Schluss sind sie groß geworden und ein richtiges Paar.

Ähnlich ist es bei Theodor Storms Paul Paulsen und der neunjährigen Schaustellertochter Lisei aus der Novelle *Pole Poppenspäler* (1874). Auch sie halten sich als Kinder viel an den Händen, bleiben unschuldig und heiraten, als Lisei einundzwanzig ist. Die Novelle aber ist kein Märchen mehr, sondern ein richtiger Liebesroman, mit einer verheißungsvollen ersten Begegnung, einer Liebesnacht, einer Zeit des ungestörten Glücks, einer ergreifenden Abschiedsszene und dem Happy End nach einer Retterszene. Alles könnte unter Erwachsenen spielen, bis auf den romantischen Höhepunkt, jene Mondnacht, während der Lisei allerdings im entscheidenden Augenblick zu gähnen und zu frieren beginnt. Paul wickelt sie und auch sich selbst in Decken ein, so dass das kindliche Liebespaar »wohlverpackt und eng aneinander geschmiegt« in einer Kiste sitzen kann, ohne dass der Leser auf üble Gedanken kommen könnte.

Buchumschlag von Theodor Storms *Pole Poppenspäler* (Ausgabe von 1950)

Tom und Becky in *The Adventures of Tom Sawyer* (USA, 1938)

Buchumschlag von Johanna Spyris *Heidi* (Ausgabe von ca. 1910, Grafik von Rudolf Münger)

Etwas kühner ist da schon Mark Twains *Tom Sawyer* (1876) gezeichnet, ein vitaler, ungehorsamer Junge, dessen Gefühle von einem Schulmädchen auf ein anderes übergehen. Becky, die später Gewählte, quält sich mit Eifersucht auf ihre Vorgängerin, und es kommt zu Konflikten. Zum Schluss verirren sich die beiden in einer Tropfsteinhöhle. Becky ist verzweifelt, Tom legt den Arm um sie, und sie weint an seiner Brust. Als sie erschöpft nicht weiterkann, bittet sie ihn, ganz nahe bei ihr zu sitzen und ihre Hand zu halten, wenn sie sterben müsse. In dieser dramatischen Situation wagt sich Tom über das Händchenhalten hinaus und küsst Becky zärtlich. Ein Kuss in Todesnähe, der die Grenzen kindlicher Harmlosigkeit überschreitet.

Johanna Spyris *Heidi* (1880) wiederum ist ein penetrant unschuldiges Kind. Sie strotzt vor natürlicher und kindlicher Güte, ist aber völlig unsinnlich, wenn man von ihrem Vergnügen beim Streicheln der Geißen absieht. Nur der Geißenpeter beweist einen Hauch von Leidenschaft und auch Ungehorsam, als er, von Eifersucht getrieben, Claras Rollstuhl ruiniert.

Das war 1880. Gut drei Jahrzehnte später, beginnend mit der *Suche nach der verlorenen Zeit* (1913), halten ein paar ganz andere Kinder Einzug in die Literatur. Marcel Prousts Alter Ego liebt schon seine eigene Mutter so heftig, dass er mit dem leidgeprüften Monsieur Swann konkurrieren könnte. Und seine Liebe zu Gilberte seit dem neunten Lebensjahr steigert sich bis hin zur Pettingszene der Pubertierenden im Park. Thomas Manns Lorchen aus *Unordnung und frühes Leid* (1925), gerade einmal vier, verliebt sich unverhohlen leidenschaftlich in einen erwachsenen Mann. Sie kämpft um ihn, erst mit Aufbietung all ihres Kindercharmes, dann weinend ohne jede Scham für ihr gebrochenes Herz, so dass der eigene Vater den Treulosen herbeizitieren muss. Weitere dreißig Jahre sollten dann aber noch bis zu *Lolita* (1955) verstreichen, der verführenden Verführten im Alter von zwölf, deren

Haupttitelseite von Thomas Manns *Unordnung und frühes Leid* (Ausgabe von 1926, Radierung von Karl Walser)

Buchumschlag von Vladimir Nabokovs *Lolita* (Erstausgabe 1955, Olympia Press)

Unschuld einem pubertierenden Jungen im Ferienlager zum Opfer fällt, noch bevor der pädophile Humbert Humbert ihr Leben zerstört.

Die Dekonstruktion des scheinbar unumstößlichen Teils der Rousseau'schen Lehre vom Kind, seiner sexuellen Ahnungslosigkeit, hatte schon gegen Ende des 19. Jahrhunderts begonnen. Einigen Medizinern dämmerte es, dass die lieben Kleinen doch nicht so ganz anders als die bösen Großen sind. Die ersten dieser Wissenschaftler, die Erektionen, Masturbation und auch koitusähnliche Aktionen bei kleinen Kindern beobachtet hatten, präsentierten solches Verhalten noch als abstoßende Beispiele von Verdorbenheit oder Frühreife. Dann aber entdeckte ein Kindcrarzt aus Budapest den im Volk schon seit jeher bekannten Zusammenhang zwischen dem Daumenlutschen und der Selbstbefriedigung. »Die frommen Kinder«, wie die Ammen sie zu nennen pflegten, weil sie so leicht einschlafen, beobachtete dieser Dr. S. Lindner, lutschen lustvoll am Daumen, saugen am Bettzipfel, reizen Lippen, Ohrläppchen oder Nabel. Vom Daumen finden sie zu eben den Stellen am Körper, die im Sexualleben der Erwachsenen eine Rolle spielen, bis hin zu den Genitalien. Im *Jahrbuch für Kinderheilkunde* von 1879 veröffentlichte er dazu einen Aufsatz, den er mit fünfundzwanzig medizinischen Illustrationen Finger lutschender, Lippen saugender oder Zehen leckender Kinder illustrierte. Die »sechsjährige Tochter eines Buchführers«, deren rüschenbesetztes Kleidchen wie von einem Windstoß gelüftet wird, hat den rechten Daumen im Mund und den linken Zeigefinger an der Klitoris. Im deutschen Wikipedia-Eintrag zum Thema Daumenlutschen wird Lindners Entdeckung erwähnt, das Mädchen aber nur bis zur Gürtellinie gezeigt. Auf einer vergleichbaren französischen Seite ist die Zeichnung ganz zu sehen. In Erinnerung geblieben aber ist Lindner, weil Sigmund Freud ihn in den *Drei Abhandlungen zur Sexualtheorie* erwähnt, um die kindliche Autoerotik zu belegen.

Illustration zu S. Lindners Artikel über das Daumenlutschen aus dem *Jahrbuch für Kinderheilkunde* (1879)

Begonnen mit dieser Schrift von 1905 erschütterte Freud die Vorstellung von der kindlichen Unschuld in ihren Grundfesten. Schonungslos beschrieb er seither das wenig liebreizende Sexualleben der kleinen Engelchen. Die angeblich so Reinen haben Lust an ihren eigenen Organen und am eigenen Kot. Sie onanieren schon in zartestem Alter, begehren die eigenen Eltern, sind eifersüchtig, grausam und gar mordlustig. Damit nicht genug, lehrten Freud und deutlicher noch einige seiner Schüler, dass Unterdrückung und Bestrafung der kindlichen Sexualität den späteren Erwachsenen neurotisch, das heißt unglücklich und unselbstständig macht. Langsam und mit vielen Rückschlägen – bedingt durch Faschismus, Stalinismus und den Konservatismus der Fünfzigerjahre – liberalisierte sich seither die Einstellung zu den Bedürfnissen der Kinder. Ihren Höhepunkt erreichte diese Entwicklung mit der sich in der 68er-Bewegung etablierenden antiautoritären Erziehung, der man heute wieder den Prozess zu machen versucht.

Die von der Neuen Linken entwickelte Einstellung zum Kind und seiner sexuellen Entwicklung, die auf Sigmund Freuds Entdeckungen fußte, konnte sich im Laufe der Siebzigerjahre auf breiter gesellschaftlicher Basis durchsetzen. Kindliche und jugendliche Selbstbefriedigung wurde rehabilitiert, Doktorspiele führten nicht mehr ins Erziehungsheim, und die Vorstellung, dass es Kinder so lange wie möglich vor sexuellem Wissen zu bewahren gelte, schien endgültig der Vergangenheit anzugehören. Stattdessen wurde schon in den Grundschulen ein faktenbezogener statt moralisch orientierter Sexualkundeunterricht eingeführt, der auch die sexuellen Bedürfnisse der Heranwachsenden akzeptierte. Das Aufklärungsbuch des 68er-Aktivisten Günter Amendt, *Sexfront,* das Fotos der Genitalien zeigt und Jugendliche zum sexuellen Genießen ermuntert, wurde zum Bestseller.

All das entsprach einer Zeit ökonomischen Wohlstands, politischer Hoffnungen auf eine bessere Welt und einem progressiven Klima in allen Lebensbereichen. Der sexuelle Puritanismus, wie er für die restaurativen Adenauerjahre typisch war, wich einer positiven Vorstellung von Sexualität. Die Grundsätze des Verheimlichens, Verschweigens und Verbietens lösten die der Offenheit, der Aufklärung und Toleranz ab. Kaum einer hielt Sexualität noch für böse, gefährlich und ungesund. Und das Feindbild »Kinderschänder«, das die Fünfzigerjahre wie ein Schatten begleitet hatte, schien sich erledigt zu haben. In der Tradition des Frühsozialismus und der libertären Arbeiterbewegung glaubten sowohl die radikalen 68er-Linken als auch die von ihnen beeinflussten Liberalen, dass das Sexualverbrechen von der Unterdrückung der Sexualität herrühre und in einer freien Gesellschaft aussterben werde. Wie jede innovative Idee ließ auch die befreiende positive Einstellung zur Sexualität das Pendel bisweilen in ein dem Überwundenen gegenüber gegenteiliges Extrem ausschlagen. In diesem Fall war das eine Tendenz zur Romantisierung und Idealisierung der menschlichen Lust bis hin zur Vorstellung von Sexualität als einem Allheilmittel für individuelle und gesellschaftliche Probleme. Ihre Nachtseiten wurden ausgeblendet.

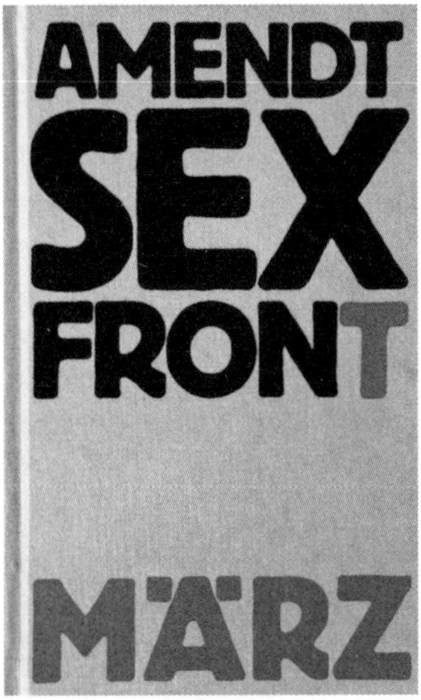

Buchumschlag von Günter Amendts *Sexfront* (1970)

Im Umgang mit Kindern in Wohngemeinschaften und Kinderläden bemühte sich die Neue Linke seit den späten Sechzigerjahren, dem eigenen Nachwuchs das zu ersparen, womit die meisten Menschen meiner Generation von ihren Eltern, Kindergärtnerinnen und Lehrern gequält worden waren: von Prügel- und Karzerstrafen über grausames Reinlichkeitstraining bis hin zum Verbot, eigene und fremde Geschlechtsteile anzuschauen oder anzufassen. Auch hier gab es Übertreibungen und unreflektierte Retourkutschen. Dazu gehörte vor allem die Unterschätzung der Häufigkeit sexuellen Kindesmissbrauchs und die Verharmlosung traumatisierender Folgen sexueller Funktionalisierung von Kindern durch Erwachsene, ob mit oder ohne Gewaltanwendung. Zu sehr glaubten viele an das Gute in der Sexualität. Und noch hatte man die Stammtischfantasien vom Kastrieren und Hinrichten der Kinderschänder aus den Fünfzigerjahren in den Ohren einschließlich der dazugehörigen Schwulenverachtung. Denn bis in die Siebzigerjahre hinein galten Homosexuelle generell als Knabenschänder, und man glaubte, dass ein Junge, der nur einmal von einem Schwulen berührt wurde, sich bei dem »Verführer« homosexuell anstecken würde.

Einen Dämpfer bekam die Sexbegeisterung der späten Sechzigerjahre von der neuen Frauenbewegung. Einem verbreiteten Irrtum entgegen allerdings richtete sich diese zunächst weder gegen die Männer als solche noch gegen deren Sexualität. Es ging stattdessen um soziale und ökonomische Gleichheitsforderungen und um die Problematisierung eines sexistischen Frauenbildes, das sich, gespeist noch von der Misogynie der prüden Jahre und gefördert vom Sexismus der kommerziellen »Sexwelle«, auch in die Neue Linke eingeschlichen hatte. Erst gegen Mitte der Siebzigerjahre, im Rahmen allgemeiner Entpolitisierung und Dogmatisierung der Linken, begann sich die Frauenbewegung auf das Thema Sexualität zu konzentrieren und entwickelte eine bis heute wirksame »feministische« Ideologie, aus der ein simplistisches Gut-Böse-Denken spricht: Hier die gute, sanfte und zärtliche Frauenlust, der die Penetration von Natur aus fremd ist. Dort die böse, aggressive und zerstörerische Männerbrunst, der die Kopulation zum Gewaltakt wird, so dass der Mann als geborener Vergewaltiger erscheint. Weibliches und männliches Genital wurden gegeneinander ausgespielt. Weibliche Sexualität wurde entsexualisiert, männliche dämonisiert und zum Hauptmerkmal des Patriarchats erklärt.

Die zunächst in feministischem Gewand wiedergekehrte negative Einstellung zur Sexualität bekam seit Ende der

Siebzigerjahre Nahrung aus verschiedenen regressiven Tendenzen. Die ökonomische Unsicherheit der Achtzigerjahre, die Verschärfung der sozialen Gegensätze, Kohls Appell an eine »geistig moralische Wende« und die Kriegsgefahr auf dem Höhepunkt des Kalten Krieges brachten damals nicht nur Sexualkonservatismus traditioneller Art mit sich, sondern auch ein scheinbar linkes Pendant dazu, das sich »Neue Sinnlichkeit« nannte. Angehörige der zerfallenden linken Bewegung rehabilitierten Pornografie und Bordellerotik. Während sie die Feministinnen der Prüderie ziehen, begeisterten sie sich selbst für »Geilheit« und »Lüsternheit«. Die moralisch ungebundene Sexualität war auf diese Weise dorthin zurückgekehrt, wo sie traditionell hingehörte: ins schillernde Reich von Puff und Porn. Zum Ideal erhoben wurde von den neuen Libertins eine von Macht geprägte und mit Gewalt liebäugelnde Sexualität, die angeblich verboten sein muss, um Lust zu spenden. Offenheit, Zärtlichkeit und Friedfertigkeit galten in diesen Kreisen als Feinde der Lust. Geschlechterkampf statt Partnerschaft war angesagt. So kam es, dass ein sich aus verschiedenen Quellen speisender negativer Begriff von Sexualität seither wieder das Bedürfnis weckt, wenigstens die Kinder davor zu bewahren.

Parallel zum Paradigmenwechsel in den Diskursen um Sexualität entstand die neue Debatte um den sexuellen Missbrauch von vor allem kleinen Mädchen. Es begann mit der Kritik an Sigmund Freud durch amerikanische Feministinnen und Psychoanalytiker wie Jeffrey Masson. Der Begründer der Psychoanalyse, hieß es, habe seine ursprüngliche Theorie der Entstehung von Neurosen durch inzestuöse Verführung zugunsten der Einführung des Ödipuskomplexes aufgegeben, um sich mit dem bürgerlichen Establishment gegen die hilflosen, missbrauchten Kinder zu verbünden. Vergessen wurde dabei, dass die Entdeckung der kindlichen Sexualität Freud zu Lebzeiten die übelsten Unterstellungen und Beschimpfungen einbrachte, weit mehr als seine, im Übrigen nie zurückgenommenen, Hinweise auf inzestuösen Kindesmissbrauch. Seit 1982 kam es in der BRD zu einer Welle der Erinnerungen einst von Vater, Stiefvater oder Onkel missbrauchter Frauen, die zu Anzeigen und spektakulären Gerichtsprozessen führten. Was im Zuge des sexuellen Optimismus der Sechzigerjahre und der Abwehr der Hatz auf Kinder- und Knabenschänder tatsächlich oft unter den Teppich gekehrt worden war, kam jetzt ans Tageslicht. Frauenbewegte Aktivistinnen, Ärztinnen, Psychotherapeutinnen und Sozialarbeiterinnen spezialisierten sich auf den sexuellen Kindesmissbrauch und seine Aufdeckung. Ein Netz von Organisationen zum Schutz von jungen Mädchen und Kindern bot den Opfern Hilfe an.

Zu den aufrichtigen, aufklärerischen Motiven des Missbrauchsaktivismus gesellten sich bald fragwürdige: Viele der früheren Politaktivistinnen und Radikalfeministinnen dürften froh gewesen sein, ein Betätigungsfeld gefunden zu haben, das ihnen angesichts der politischen Tendenzwende auch die Zustimmung der Konservativen sicherte. Manch zornige Ehefrau beschuldigte den Verflossenen bei der Scheidung, die Tochter missbraucht zu haben. Und so manches Mädchen fand es bequem, alle Probleme ihres Lebens mit einem Missbrauchserlebnis zu erklären. Es kam zu Falschbezichtigungen und Fehlanzeigen. Mitte der Neunzigerjahre entstand, angestoßen von der Publizistin Katharina Rutschky, eine Gegenbewegung, die das Schlagwort »Missbrauch des Missbrauchs« prägte. Ohne die sexuelle Funktionalisierung von Kindern als Verbrechen zu leugnen, problematisierten diese Kritiker die Annahme, dass jede sexuelle Annäherung eines Erwachsenen an ein Kind dieses automatisch traumatisiere, und warnten vor der damit verbundenen Stigmatisierung der Opfer. Die Empörung seitens der Kritisierten war so groß, dass 1994 ein von Rutschky organisierter wissenschaftlicher Kongress zum Thema sexueller Missbrauch unter Polizeischutz stattfinden musste. Gegen Ende der Neunzigerjahre ließ das öffentliche Interesse am Thema Missbrauch etwas nach, allerdings nur, um seit 2010 als Folge der furchtbaren Enthüllungen an verschiedenen katholischen Internaten und schließlich der Odenwaldschule wieder im Brennpunkt der Medien zu stehen.

Diesmal waren es kleine Jungen, die von Priestern oder Lehrern missbraucht wurden. So viel Empörendes kam ans Licht, dass der statistisch noch immer mit weitem Abstand an erster Stelle stehende sexuelle Missbrauch im familiären Umfeld dagegen zu verblassen schien. So wichtig und heilsam die Enthüllungen waren, es fanden sich einmal mehr Leute, die ihre eigene Suppe damit zu kochen wussten. So die konservativen Kritiker der Reformpädagogik, die seither in Bausch und Bogen alles verurteilen, was je unter diesem Namen geführt wurde. So all jene 68er-Basher, die schon immer gewusst hatten, dass die Studentenbewegung wie auch die grüne Partei in ihrer Frühzeit ein Hort von übelster Libertinage und ein Sammelbecken für Kinderschänder waren. Dazu gesellten sich die neuen Feinde der Homosexuellen bzw. Päderasten, wie sie jetzt wieder heißen, keineswegs nur Primitivlinge aus den Fußballstadien oder Rechtsradikale, sondern auch Akademiker und Wissenschaftsjournalisten. Bedenkenlos werfen diese Sex mit Jugendlichen und Kindern in einen Topf, setzen sexuelle Belästigung mit Vergewaltigung gleich und Homosexualität mit Pädophilie. Vor der Bundestagswahl 2013 wurden grüne Politiker, die zu keiner Zeit einer Straftat auch nur verdächtigt worden waren, von CDU/CSU-Politikern und auch von ein paar einst links stehenden Zeitgenossen als potentielle Sexualverbrecher hingestellt, nur weil sie über Sexualgesetzgebung und Pädophilie einst anders dachten als heute.

Einen weiteren Höhepunkt erreichte die neue Kinderschänderhysterie im »Fall Edathy«. Ein verdienstreicher sozialdemokratischer Politiker musste von allen Ämtern zurücktreten, wurde in sämtlichen Medien als Pädophiler hingestellt und moralisch in Grund und Boden verdammt. Gleichzeitig musste er erleben, wie in Internet-Foren Folterqualen und Hinrichtungsmethoden für ihn erdacht wurden. All das nur, weil er sich Bilder nackter Jungen angeschaut hatte. Als klar wurde, dass die anberaumte Gerichtsverhandlung höchstens mit einer geringen Strafe für den Angeklagten ausgehen würde, zwang man den ruinierten Politiker zu einem »Teilgeständnis«. Der aus Edathys Fall abgeleitete neue Gesetzentwurf, der das Herstellen und Verbreiten von Kindernacktbildern unter Strafe stellen soll, wurde im November 2014 im Bundestag verabschiedet.

Die mit irrationaler Triebhaftigkeit geführte jüngste Pädophiliedebatte tobt auf dem Hintergrund eines immer deutlicher werdenden neuen Sexualkonservatismus. Man denke an das geplante Prostitutionsverbot, für das sich fast ebenso viele links wie rechts orientierte Vertreter des öffentlichen Lebens ausgesprochen haben. Dahinter verbirgt sich nicht nur Sexualfeindlichkeit, sondern vor allem ein Mangel an Realitätsbewusstsein und die Resignation in Bezug auf soziale Veränderung. Wem zur Verhinderung von Armutsprostitution und Menschenhandel nichts anderes als ein Sexverbot einfällt, der hat es aufgegeben, Armut, Ausbeutung und soziale Ungerechtigkeit zu bekämpfen.

Ein ähnlich restauratives Denken verbirgt sich hinter den hysterischen Polemiken gegen das »Gender Mainstreaming«, ein reformerisches politisches Konzept, bei dem es schlicht um die soziale Gleichstellung der Geschlechter geht. Nichts weniger als die Chancengleichheit für Mann und Frau wird infrage gestellt, wenn sich AfD-Politiker über den »Gender-Wahn« aufregen oder wenn konservative Feuilletonisten wie Volker Zastrow sich die Hausfrau als gesellschaftliche Rolle zurückwünschen. Infrage gestellt wird auch wieder die längst gesetzlich verankerte erste Forderung der Neuen Frauenbewegung, das Recht auf Schwangerschaftsabbruch. Die Anfänge der sogenannten »Bewegung für das Leben« entstanden in rechtskatholischen Kreisen schon in den Achtzigerjahren. Heute ist sie im sozialen Mainstream angelangt, wie der Berliner »Marsch für das Leben« von 2014 beweist, zu dem über 5000 Menschen kamen. Unterstützt nicht nur von der AfD, sondern auch von Senioren-Union und Junger Union, erhielt der Marsch Grußtelegramme vom Papst, vom Vorsitzenden der deutschen Bischofskonferenz, Kardinal Reinhard Marx, vom Präsidenten des Zentralkomitees der deutschen Katholiken, Alois Glück, und von ein paar evangelischen Bischöfen.

Zum neuen Antifeminismus tritt schamlos nicht nur die neue Homophobie, sondern auch ein Generalverdacht auf Pädophilie gegen Männer in traditionellen Frauenberufen, wie beispielsweise Erzieher. Immer öfter beschweren sich Kita-Eltern, wenn ein Mann ihr Kind auf den Schoß nimmt oder es umzieht. Erzieherinnen weigern sich, mit Männern zusammenzuarbeiten, weil das zu viel Ärger mit den Eltern einbringt.

Eine der wichtigsten Rollen im Theater des neuen Moralkonservatismus schließlich spielt die Angst vor der Beschmutzung der Kinder mit Sexualität, beginnend mit zu viel Wissen über die menschlichen Sexualfunktionen. Diese aus dem 19. Jahrhundert herübergerettete Phobie erhob ihr hässliches Haupt schon kurz nach der Einführung des Sexualkundeunterrichts an den bundesrepublikanischen Schulen. Schon 1975 wurde erste Kritik an dem berühmt-berüchtigten Aufklärungsbuch für Kinder *Zeig mal* laut. Der 1974 zuerst erschienene Bildband des Fotografen Will McBride mit künstlerischen Aktfotos von Kindern und Erwachsenen wurde zunächst mehrfach ausgezeichnet und von Pro Familia empfohlen. Trotz Kritik erfreute er sich in den Siebziger- und Achtzigerjahren großer Beliebtheit. Da-

Buchumschlag von Will McBrides *Show Me!* (1975)

nach kam es zu mehreren Indizierungsanträgen, bis der Autor sein Buch 1996 vom Markt nehmen ließ.

Schon 1977 hatte das Bundesverfassungsgericht eine Entscheidung zur schulischen Sexualerziehung gefällt. Diese, hieß es darin, habe sittlich zu wirken, ohne Wertung aufzutreten und sich auf Wissensvermittlung zu beschränken. Zur Anwendung kam diese Richtlinie erstmals 1982. Gleich nach dem Regierungswechsel und im Zuge der dazugehörigen »Tendenzwende« musste die Bundeszentrale für gesundheitliche Aufklärung auf Heiner Geißlers Weisung einen Großteil des von ihr selbst hergestellten Sexualkundematerials einstampfen lassen. In der Begründung hieß es, dass Sexualität auch ohne Liebe und tiefere gefühlsmäßige Bindung propagiert werde. Die kritisierte Textpassage lautete: »Sex nur bei Liebe kann keine moralische Forderung sein. Ob es richtig ist, zu bumsen oder nicht zu bumsen, könnt [...] nur ihr miteinander entscheiden.«

Sechzehn Jahre später stuften zwei deutsche Amtsgerichte ein in Günter Amendts zweiter Aufklärungsschrift, *Das Sexbuch,* abgedrucktes Foto als kinderpornografisch ein. Dieses Foto eines nackten kleinen Mädchens, das den Penis eines nackten kleinen Jungen berührt, führte zur

Razzia in der Wohnung eines Schülerzeitungsredakteurs. Dabei wurden die beiden Sex-Bücher Amendts konfisziert. Zu einem weiteren Meilenstein auf dem Weg zurück zur Idee von der kindlichen Unschuld wurde im Jahr 2007 der Skandal um das Aufklärungsbuch für Eltern, *Körper, Liebe, Doktorspiele,* das die Bundeszentrale für gesundheitliche Aufklärung herausgegeben hatte. Die Sexualpädagogin Ina-Maria Philipps riet in dem Band, Sexualität als etwas Selbstverständliches zu behandeln, auch dann, wenn kleine Kinder die elterlichen Geschlechtsteile genau betrachten und berühren wollen. Sie wurde wegen Aufforderung zum sexuellen Missbrauch angezeigt, und die Rechtskatholikin Gabriele Kuby schrieb einen empörten Artikel, in dem sie die »Zwangssexualisierung« von Kindern und die »moralische Zerrüttung des Volkes« beschwor. Familienministerin Ursula von der Leyen ließ die Broschüre daraufhin zurückziehen. Im gleichen Jahr kam es zu Aufklärungsskandalen in verschiedenen Teilen des Landes. So erregte in Düsseldorf ein als Unterrichtsmaterial gebrauchter Fragebogen für Grundschüler Anstoß, weil darin gefragt wird: »Warum haben Frauen und Männer Geschlechtsverkehr?« oder »Was ist ein Orgasmus?«. Eltern beschwerten sich über den »Pornounterricht«: Zehnjährige sollten nicht wissen, was ein Orgasmus ist. In Berlin provozierte das Aufklärungsbuch der renommierten schwedischen Kinderbuchautorin Sonja Härdin, *Wo kommst du her?*, ähnliche Reaktionen. Anstoß erregten Illustrationen, die ein Paar

Buchumschlag von Günter Amendts *Das Sexbuch* (1979)

Umschlag der Aufklärungsbroschüre *Körper, Liebe, Doktorspiele* der Bundeszentrale für gesundheitliche Aufklärung (2001)

beim Benutzen eines Kondoms und beim Koitus zeigen.

Vorläufiger Höhepunkt der neuen Angst vor »frühzeitiger Sexualisierung« der Schulkinder war, was sich 2014 in Baden-Württemberg abspielte, als bekannt wurde, dass die rot-grüne Landesregierung plante, Kinder und Jugendliche besser über sexuelle Vielfalt, sprich über Homosexualität, Bisexualität, Transsexualität und Intersexualität zu informieren. Ein Realschullehrer verfasste eine Online-Petition gegen »eine pädagogische, moralische und ideologische Umerziehung an den allgemeinbildenden Schulen«. Gemeint war, dass Schüler von zu viel Information vor allem über Homosexualität schwul werden könnten, was an die alte Ansteckungstheorie durch Verführung erinnert. Begründet wurde die Kampagne unter anderem mit der angeblich geringeren Lebenserwartung von Schwulen und Lesben, ihrer angeblich überdurchschnittlichen Suizidgefährdung und ihrer »erhöhten Anfälligkeit für Alkohol und Drogen«. Vertreter beider Kirchen, der CDU und der schwarz-gelben Oppositionskoalition in Baden-Württemberg unterstützten die sexualfeindliche und homophobe Petition, für die sich 192.000 Unterzeichner fanden. »Besorgte Eltern« gingen auf die Straße. Konservative Feuilletonisten beklagten, dass Ehe und Familie im Sexualkundeunterricht abgewertet und die Kinder stattdessen mit unnötigem Wissen über Gruppensex, Oral- und Analverkehr »indoktriniert« würden.

Da ist sie wieder, die traditionelle Vorstellung von der schmutzigen, sittenzerstörenden und ungesunden Sexualität, vor der es die Kinder zu bewahren gilt. Da ist auch wieder das unschuldige, schutzbedürftige Kind und die repressive Utopie einer heilen Kinderwelt, die niemals von der bösen Sexualität angeferkelt werden darf.

Zurück zu den Geschichten aus dem kindlichen Liebesleben, die ich in diesem Buch erzählen darf. Unübersehbar reflektieren sie die verschiedenen Auffassungen und Darstellungsweisen des kleinen Menschen in Literatur, Wissenschaft und Volksempfinden. Da sind märchenhaft unschuldige Kinder, rührend romantische, neugierig sexuell experimentierende und »frühreif verdorbene«. Darüber hinaus schöpfen die sich Erinnernden in ihrer rückblickenden Selbstdarstellung aus der keineswegs kindertypischen Vielfalt menschlicher Stärken, Schwächen und Lebenshaltungen. Wohlanständigkeit, Freiheitsdrang, Heldentum, sinnloses Sehnen, schiere Lust, Eifersucht, Neid und Gewalt. All das prägt die Erinnerungen der Dreißig- bis Achtzigjährigen, die über ihr zweites bis zwölftes Lebensjahr gesprochen haben. Kleinere oder größere Ausschnitte vermutlich nur aus dem, was sie tatsächlich erlebt haben. Den Rest verhüllt der Mantel des Vergessens. Fast alle Berichte aber beweisen auf die eine oder andere Art noch einmal, dass – wie Freud vor mehr als hundert Jahren schon erklärte – das Kind »ein bis auf die Fortpflanzungsfähigkeit fertiges Liebeswesen« ist.

Es waren zwei Königskinder,
Die hatten einander so lieb,
Sie konnten zusammen nicht kommen
Das Wasser war viel zu tief.

Volkslied

Neun Jahre sind lang

Erinnert von: Ulrike Heider, Schriftstellerin

Ein Klassenzimmer mit den traditionellen, ineinandergeschobenen Schulbänken, entfernt an Kirchenstühle erinnernd. Fünfzig Siebenjährige werden von Fräulein Meißner unterrichtet, einer Frau mit eisgrauem Haar, die fast immer blaßblau gemusterte, wadenlange Kleider trägt. Die meisten Schüler richten den Blick auf die Lehrerin, einige schauen aus dem Fenster, ein paar stieren auf ihre Bänke, in deren gelblich gebeiztes Holz Namen, Schimpfwörter, manchmal Hakenkreuze und immer wieder Herzen geritzt sind. Ein paar halten die Köpfe leicht gesenkt, um heimlich mit dem Nachbarkind zu sprechen. Ein kleines, dünnes Mädchen in der zweiten Reihe dreht sich vorsichtig nach hinten und dann schnell wieder nach vorn. Keiner soll es merken. In der letzten Reihe ein Junge mit dunklen Locken und melancholischen, braunen Augen. Wenn das Mädchen sich umdreht, schaut er sie an und versucht, das Lächeln zu verbergen, das dann sein Gesicht erhellt. Immer wieder tun die beiden das, jeden Tag, in jeder Unterrichtsstunde, jahrelang. – Das Mädchen war ich, der Junge meine erste große Liebe. Ulrich Heister, so sein Name, war weder besonders stark noch groß oder auf sonst eine Weise männlich. Sein schönes Gesicht aber und die romantische Aura, die ihn umgab, stellten alle anderen kleinen Kerle unserer Klasse in den Schatten.

Das war 1954 in Frankfurt am Main. Obwohl an vielen Schulen Jungen und Mädchen zusammen unterrichtet wurden, gingen sie einander aus dem Weg und sprachen nicht einmal miteinander. Die Lehrer setzten die Schülerinnen auf die linke, die Schüler auf die rechte Seite des Klassenzimmers und bemühten sich, den Kindern klarzumachen, wie sich die einen und die anderen künftig zu verhalten hätten. Einige Pädagogen, wie unser liberales Fräulein Meißner, behandelten Mädchen und Jungen annähernd gleich und verzichteten auf die traditionelle Sitzordnung. Als scheinbar selbst auferlegte Regel aber herrschte auch in ihren Klassen strikte Geschlechtertrennung. Jungen, die mit Mädchen spielten, galten als Weichlinge, Mädchen, die mit den Buben tobten, als garstig. Auf dem Schulhof rannten, rauften und brüllten die Jungen, während die Mädchen verhalten kichernd beisammenstanden oder sich mit artigen Hüpf- und Fadenspielen vergnügten. Einzig »erlaubt« war es, einander aus der Distanz heraus zu ärgern und zu beleidigen.

Ulrich war nicht der Erste, in den ich verliebt war. Vor ihm gab es schon den Sohn der Kindergärtnerin, einen Jungen mit einem ungewöhnlich hässlichen, Windpockenvernarbten Gesicht, das mich stark anzog. Das war zu den glücklichen Zeiten vor dem Schulalter, als Mädchen und Jungen noch ganz unbefangen miteinander spielten. Mühelos gelang es mir, den Pockennarbigen in Gespräche zu verwickeln oder Murmeln mit ihm zu tauschen. Bald aber verlor ich das Interesse an ihm zugunsten eines anderen Vorschülers, dessen sächsischen Akzent ich unwiderstehlich fand, weil mein aus Bayern stammender Vater etwas gegen Sachsen hatte. Das Foto von mir mit einem Nachbarsbuben auf einem Kinderfaschingsball dagegen täuscht. Höchst romantisch als Biedermeierdame verkleidet, versuche ich darauf mit einem als Koch zurechtgemachten Fünfjährigen zu tanzen. Obwohl ich dabei fast penetrant kokett wirke, weiß ich noch genau, wie sehr mich dieser Junge langweilte. Auch der Heiratsantrag, den er mir machte, konnte das nicht ändern.

Mit Ulrich, kaum zwei Jahre später, war dann alles anders. Nicht mehr schlechte Haut oder ortsfremder Akzent beeindruckten mich jetzt, sondern der ganze Mensch. Ich liebte und bewunderte Ulrichs schöne Locken und den träumerischen Ausdruck seiner Augen ebenso wie die klugen Antworten, die er im Deutschunterricht gab, oder die souveräne Art, mit der er sich den Respekt der meist stärkeren Jungen verschaffte. Den ganzen Nachmittag dachte ich an ihn. Mit seinem Bild vor Augen schlief ich ein, und das Aufstehen am Morgen lohnte sich nur, weil ich ihn bald wiedersehen würde. Nie aber gelang es mir, auch nur ein Wort mit dem zu wechseln, nach dem ich mich so sehnte. Zusammen spielen oder tanzen gar wie früher war völlig undenkbar da, wo wir das Lesen und das Schreiben lernten.

In der Pause beobachtete ich, wie Ulrich mit seinen Schulfreunden herumrannte und wie er sich verhielt, wenn es zu Ringkämpfen und Prügeleien kam. Wenn andere Mädchen von ihm sprachen, hörte ich genau hin. So erfuhr ich, dass er mit seiner Mutter in einem alten Mietshaus auf der Bockenheimer Landstraße lebte. Ob der Vater die Familie verlassen hatte, an einer Krankheit gestorben oder Ulrich vielleicht ein »uneheliches Kind« war, blieb unklar. Ein paar Mal wagte ich den mit einem längeren Fußmarsch verbundenen Ausflug zu seinem Haus. Obwohl ich nichts mehr wünschte, als ihm dort scheinbar zufällig zu begegnen, traute ich mich nie bis vor die Haustür. Immer blieb ich

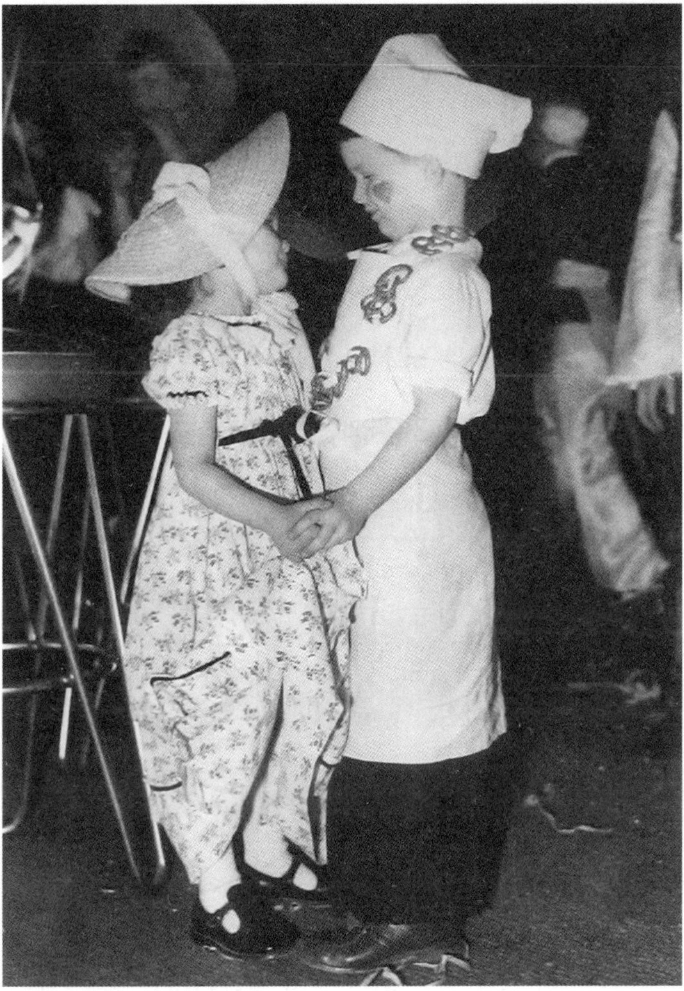

Ulrike Heider im Vorschulalter

auf der anderen Straßenseite, um jederzeit weglaufen zu können. Ich traf ihn nie. Aber wenn ich nach Hause kam, stellte ich mir vor, wie es hätte sein können, wenn er vor seinem Haus aufgetaucht wäre. Ich wäre mutig über die Straße gegangen und hätte ihn ganz unbefangen begrüßt. Er hätte mich in seine Wohnung eingeladen, wir hätten lange Gespräche geführt, und er hätte sich in mich verliebt. Ich hätte seine Mutter kennengelernt und ihr gesagt, wie sehr ich ihren Sohn liebte.

Im wirklichen Leben versuchte ich, meine Gefühle zu verbergen, um mich nicht zu blamieren. Die Mitschüler lachten gnadenlos, wenn sie jemanden bei einer Schwäche ertappten. Und auch zu Hause musste ich vorsichtig sein. Einmal hatte ich von Ulrich erzählt. Meine Mutter merkte sofort, was los war, und sagte etwas Spöttisches. Ich fand das ungerecht, weil sie doch selbst so offensichtlich verliebt war. Ihr Schwarm war der Intendant des städtischen Theaters, ein Patient aus der Arzpraxis meines Vaters. Jeden Tag sprach die Mutter am Telefon mit ihrer besten Freundin lange über diesen Mann, obwohl sie ihn kaum kannte und nur selten sah. Einmal hatte sie sich auf einem Faschingsball etwas länger mit ihm unterhalten. Immer wieder erzählte sie der Freundin, wie sie ihn damals angesprochen hatte, per Du, weil Fasching war, und was für Komplimente er ihr daraufhin gemacht hatte. Sonst waren da nur die Schauspielpremieren, für die sie sich immer neue, wunderschöne Kleider kaufte. Vor allem für die Pausen wahrscheinlich, während deren der Theatermann, wenn sie Glück hatte, ein paar Worte mit meinen Eltern wechselte. Mit der Zeit begann ich die Teenager-Verliebtheit meiner Mutter lächerlich zu finden und hütete mich umso mehr, selbst so zu wirken. Auch Ulrich sollte nichts merken, denn ich war mir nicht sicher. Wenn ich mich im Unterricht umdrehte, schien er nach mir zu schauen. Aber vielleicht bildete ich mir das auch nur ein.

Dann aber wurden Ulrichs Blicke so häufig und auffällig, dass ich nicht mehr zweifeln konnte. Er liebte mich so wie ich ihn. So schön diese Gewissheit war, sie änderte wenig an der Hoffnungslosigkeit meiner Situation. Jungen gehörten zu Jungen und Mädchen zu Mädchen, zwei Lager, die sich fremd und feindlich gegenüberstanden. So war es nun einmal in der Schule. Ich entwickelte den kühnen Gedanken, mich Fräulein Meißner anzuvertrauen und sie zu bitten, mich etwas näher an Ulrichs hinterste Bank zu setzen. Vielleicht hätte sie mich trotz ihrer altjüngferlichen Erscheinung besser verstanden als meine ebenso prüde wie schöne Mutter. Aber nein, es wäre peinlich gewesen. Und da auch Ulrich keinen Versuch machte, mir näherzukommen, mussten wir uns mit heimlichen Flirts und wortlosen Dialogen begnügen. Demonstrativ schaute ich weg, wenn ich seine Augen auf mir fühlte. Aber nur, um ihm gleich danach einen kurzen Blick zu gewähren. Auf dem Nachhauseweg, den wir ein Stück gemeinsam hatten, gelang es mir oft, in einer Gruppe von Mädchen vor oder hinter der Jungengruppe zu laufen, die Ulrich umringte und gegen mich abschirmte. Im Gespräch mit den Mädchen lachte ich dann so viel wie möglich und so, dass er mich dabei zumindest im Profil sehen konnte. Auch seine Aufmerksamkeit schien oft mehr auf mich als auf die Schulfreunde gerichtet zu sein. Dann unterbrach er seine Gespräche, um mich lange wissend und etwas traurig anzuschauen. Ganz anders in meinen Tagträumen. Da kam Ulrich mitten auf dem Schulhof zu mir und gestand seine Liebe. Schüler wie Lehrer sahen und hörten es. Wir sanken uns in die Arme und vergaßen alles um uns herum.

»Der Heister kommt gleich«, rief mein kleiner Bruder. Wolfgang fuhr mit dem Roller heran, um mir das mitzuteilen, als ich eines Nachmittags mit den Nachbarskindern auf der Straße spielte. – Anders als die Schule war die Straße ein Gebiet der Freiheit. Da es viel weniger Autos als heute gab, konnten wir dort Ball spielen, Roller, Rad oder Rollschuh fahren. Vor allem aber spielten Jungen mit Mädchen so selbstverständlich wie einst im Kindergarten. Es gab gemischtgeschlechtliche Cliquen mit jeweils eigenen Revieren, die zusammen in ihrem Viertel herumzogen. Besonders Mutige kletterten über Zäune in Gärten und zertraten den Rasen oder versteckten sich im Gebüsch, um Erwachsene zu erschrecken. Gern suchten sie auch in zerstörten Häusern nach Bombenresten aus dem Krieg. – Ulrich will unser Revier auskundschaften, dachte ich und beschloss, in dem großen Hof hinter unserem Haus auf ihn zu warten. Hier, hoffte ich, würde er mich ansprechen. Der von zwei heruntergekommenen alten Villen flankierte Hof hatte eine abschüssige Einfahrt und grenzte an einen verwahrlosten Garten, hinter dem die Gefahren eines Trümmergrundstücks lauerten. Wie gerne hätte ich meiner Liebe den »Trümmerhaufen« gezeigt und erklärt, wie man die darauf wuchernden Brennnesseln mit einem Stock niederschlägt, um sich in der Ruine des Vorkriegshauses fortzubewegen.

Nach ein paar Minuten hörte ich Rollschuhe, erst auf der Straße, dann in der Einfahrt. – Man fuhr damals auf einem Gestell mit vier stählernen Rollen, das unter die Schuhe geschraubt wurde. Auf der Straße erzeugten diese Räder ein unangenehm schabendes Geräusch, das rollschuhfahrende Kinder zur Plage ruhebedürftiger Erwachsener werden ließ. – Da! Ulrich kam um die Ecke gefahren, gefolgt von ein paar anderen Jungen, seinen eigenen Reviergenossen wahrscheinlich. Er fuhr schnell, aber nicht besonders elegant. Bei der scharfen Kurve, die er im Hof drehen musste, hielt er das eine Bein ungeschickt einwärts gedreht, so dass er etwas komisch und einen Moment fast behindert wirkte. Wie die meisten Kinder trug er jene hässlichen Halbstiefel mit dicker Kreppsohle, die meinem Bruder und mir dank des modernen Geschmacks unserer Mutter erspart blieben. Ulrich hatte mich sofort gesehen, machte aber keinen Versuch, sich mir zu nähern. Nervös schien er zu sein. Und wie wenn er es besonders eilig hätte, dirigierte er seine Rollschuhfreunde gleich wieder zurück auf die Straße. Noch lange hörte ich das schabende Geräusch der Stahlrollen. Meine kurze Hoffnung: zerstört.

Was wäre ich ohne meine Fantasien gewesen. Da kam Ulrich nach der Schule, um mir Liebeserklärungen zu machen. Oder ich träumte von ihm als Retter. So käme er, um mich aufzuheben, wenn ich, von einem Auto angefahren, blutend auf der Straße läge. Manchmal auch stellte ich mir den nackten Ulrich vor. In der Badewanne zum Beispiel oder auf dem Klo sitzend. Nach einem kurzen Prickeln stieg dann Ekel in mir auf und vergiftete alle romantischen Träume, so dass ich eine Zeit lang darauf verzichten musste.

Am Tag vor den großen Ferien wollte uns der junge Sportlehrer eine Freude machen. Er führte die ganze Klasse in den nahe gelegenen Grüneburg-Park und inszenierte ein großes Cowboy-und-Indianer-Spiel. Ulrich gehörte zu den Cowboys, ich zu den Indianern. Der Lehrer stellte ein paar Regeln auf, nach denen die einen mit den anderen kämpfen sollten. Trotzdem rannten alle ziemlich regellos auf der Wiese herum. Meine Stammesgenossen schrien langgezogen und ließen dabei die Hand vor dem Mund vor- und zurückschnellen, so dass indianisches Kriegsgeheul entstand. Die Cowboys ließen ihre Hände zu Pistolen werden und verdeutlichten die daraus hervorgehenden Schüsse mit »bum-bum«, »peng« oder noch echter klingenden Zischlauten. Der Lehrer, erkannte ich staunend, hatte sich über unsere Tabus hinweggesetzt. Jungen und Mädchen sollten miteinander spielen, eine Chance, die es zu nutzen galt. Nachdem ich mich eine Weile im Hintergrund gehalten hatte, rannte ich direkt auf Ulrich zu und stoppte erst einen halben Meter vor ihm. Er stand ebenso still wie ich. Irritiert von der ungewohnten Nähe starrten wir einander in die Augen. Da kam ein Cowboy herbeigerannt. »Knall die Heider ab«, schrie er Ulrich zu. Der machte eine lahme Schießgeste, und ich musste weglaufen, um mich nicht zu blamieren. Ich erfand einen exotischen Tagtraum, der im »wahren Wilden Westen« spielte: Aus Liebe zu mir läuft Ulrich zu den Indianern über. Er wird in meinen Stamm aufgenommen, und wir bleiben für immer zusammen.

In der vierten Klasse wurden die Privilegierteren unter den »Volksschülern«, wie sie damals hießen, für die Aufnahmeprüfung an einer »Höheren Schule« angemeldet. Fräulein Meißner fragte alle künftigen Gymnasiasten, wo sie die Prüfung absolvieren würden. »Auf dem Lessing-Gymnasium«, sagte Ulrich stolz. Ich erklärte, es noch nicht zu wissen, denn neben diesem renommierten humanistischen erwogen meine Eltern auch ein Mädchengymnasium. Jetzt allerdings wusste ich es. »Auf keinen Fall eine Mädchenschule«, bat ich zu Hause. Das Lessing-Gymnasium sei gerade richtig für mich. Dann aber während der Prüfung konnte ich Ulrich weder im Klassenzimmer noch auf dem Pausenhof finden. Welch niederschmetternde Erkenntnis. Er würde auf einem anderen Gymnasium Abitur machen. Keine wissenden Blicke und heimlichen Flirts mehr, wie traurig würde mein Leben von nun an sein. Nur ein paar gemeinsame Wochen blieben uns jetzt noch vor dem Schulwechsel, eine qualvolle Zeit. Verzweifelt zählte ich die Tage. Dann der letzte Moment an der Kreuzung, die unsere Wege endgültig trennte. Er ging in die eine, ich in die andere Richtung derselben Straße. Als er schon in meinem Rücken war, drehte ich mich nach ihm um, nicht verstohlen wie sonst, sondern ganz ungeniert, schamlos, wie es mir vorkam. Er tat das Gleiche, drehte den leicht nach vorn geneigten Oberköper, so dass er in einem rechten Winkel zu den Füßen stand und der Schulranzen zur Seite rutschte. So verharrte er eine Weile. Ich weiß nicht, wie lange, denn ich drehte mich weg, um resigniert weiterzugehen, in eine Zukunft ohne ihn. Sämtliche Mitschüler müssen es gesehen haben. Keiner aber wagte zu lachen.

Kurz vor dem Abitur erhielt ich eine Ansichtspostkarte, auf der stand: »Neun Jahre sind lang. Und dennoch ... Dein Ulrich Heister«. Warum zum Teufel konnte er mir damals keine solche Liebeserklärung machen, dachte ich im ersten Augenblick fast ärgerlich, und alles fiel mir wieder ein. Das Glück einer erwiderten Liebe, das unausgesprochene Kommunikationsverbot und die Feigheit, mit der wir uns daran hielten. Jetzt allerdings hätte Ulrich keinen schlechteren Zeitpunkt wählen können, um an sich zu erinnern. Nach vielen unerfüllten, meist unerwiderten Kinder- und Teenager-Verliebtheiten hatte ich es endlich zu einem ersten Freund gebracht. Auch diese »richtige« Liebe aber war von Tabus und Verboten überschattet. Mit neunzehn noch minderjährig, wusste ich nicht, wie ich an die damals meist Verheirateten vorbehaltene Antibabypille herankommen sollte. Mein Freund schlief derweil mit älteren Frauen, obwohl er versicherte, nur mich zu lieben. Die süßen Qualen von damals waren in dieser Situation das Letzte, woran ich denken wollte. Ich tat Ulrichs Annäherung als sentimental und geschmacklos ab, zerriss die Karte und ließ die Schnipsel in einen Papierkorb fallen.

Viele Jahre später klopfte die Vergangenheit noch einmal an die Tür. Gründlich hatte ich inzwischen alles nachgeholt, was ich als Kind und Teenager versäumt hatte. Jahrelang war ich fast jede Nacht tanzen gegangen, hatte viel geliebt und viele sexuelle Erfahrungen gesammelt. Ich war sechsunddreißig, lebte nach längerem Singledasein wieder mit einem Mann zusammen und arbeitete angestrengt an meiner Karriere, als mein Bruder Wolfgang – inzwischen Augenarzt – anrief. Er erzählte von einem Patienten namens Ulrich Heister, den sein Chefarzt gerade operiert hatte. Der Patient war Regisseur und Dramaturg. Eine hohe Position am Hamburger *Thalia Theater* hatte er aufgeben müssen, weil er, an juveniler Diabetes leidend, nicht mehr arbeiten konnte. Die letzten zwei Jahre war er blind gewesen, konnte nach der Operation aber wieder recht gut sehen. Dieser Patient also hatte meinen Bruder gefragt, ob er eine Schwester namens Ulrike habe. Als seine Mutter noch lebte, habe sie ihm ein Klassenfoto gezeigt, wo auch dieses kleine schwarzhaarige Mädchen zu sehen war, an das er sich noch gut erinnere. Der Patient sei sehr krank, erklärte mein Bruder. Ein Fuß sei ihm schon amputiert worden, der Erfolg der Augenoperation wahrscheinlich nicht von Dauer und die Lebenserwartung gering. Ob ich meinen Schulfreund nicht anrufen könne. Das würde ihm sicher eine große Freude machen.

Ulrichs Stimme klang wie die eines Schauspielers, interessant und sympathisch, fand ich, aber völlig fremd. Nichts von diesem Gespräch am Telefon, dem ersten in unserem Leben, konnte ich mit meinen Erinnerungen zusammenbringen. Ich müsste ihn sehen, dachte ich, und versprach einen Krankenbesuch.

In einem lichtdurchfluteten Einzelzimmer der Frankfurter Augenklinik saß Ulrich in einem Korbsessel. Er trug schwarze Jeans, einen dunklen Pullover und eine schwarze Sonnenbrille. Ein etwas schmächtiger, aber attraktiver Mann. Ich hatte mich farbenfroh angezogen, weil ich dachte, das müsse einem, der lange blind war, besonders gut gefallen. Tatsächlich gehörte ich zu den ersten Menschen, die er seit der Operation zu sehen bekam. Wir begrüßten einander zurückhaltend und begannen eine etwas schleppende Konversation, die nach einigen Minuten abbrach. Mir fiel nichts mehr ein, und ich hoffte auf Ulrich, dessen Auftreten mir sicherer vorkam als meines. Der aber verzichtete auf weiteren Small Talk und nahm schweigend seine Sonnenbrille ab. Er tat dies mit einer weit ausholenden Geste, fast wie auf der Bühne, und sah mich lange an. Seine Augen waren braun und träumerisch, aber noch immer nicht das, was mein Gedächtnis dafür bereithielt. Verwirrt wich ich dem Blick aus und sah auf einmal Ulrichs Schuhe. Einer davon war ein typischer Gesundheits- oder Prothesenschuh, ein klobiger, brauner Halbstiefel, aus dem das Bein etwas ungelenk hervorragte. Wie damals auf den Rollschuhen, schoss es mir durch den Kopf. Jetzt erst begann der alte mit dem neuen Ulrich zusammenzuschmelzen.

Wir sprachen nur kurz von der Schule, über Fräulein Meißner und andere Lehrer vor allem, nicht aber über uns. Noch sechsundzwanzig Jahre danach lag ein Tabu über dem, was unsere Kindheit trotz aller Hindernisse verschönt hatte. Als ich die Postkarte erwähnte, konnte oder wollte sich Ulrich nicht erinnern. Mit großem Vergnügen dagegen teilten wir einander mit, was wir nach dem Abitur aus unserem Leben gemacht hatten. Staunend hörte ich von Ulrichs steiler Theaterlaufbahn, auf die er jetzt schon zurückblicken musste. Dazu kam die spannend erzählte Krankengeschichte. Der amputierte Fuß erschien darin als Opfer eines dramatischen Unfalls an der Drehbühne statt als Folge der Diabetes. Und an der Erblindung war unter anderem eine Sauferei mit billigem Fusel schuld, von dem fast jeder blind geworden wäre. Schließlich das Happy End, eine gute Invalidenrente, die Rückkehr nach Frankfurt und eine kleine Wohnung ganz in der Nähe meiner eigenen. »Ich komme gern nach Hause«, sagte der Leidgeprüfte, die klangvolle Bühnenstimme ein wenig senkend. Als ich mich über meine eigene schwache Stimme beklagte, die mir als Dozentin oft Probleme bereitete, bot er sich als Logopäde an. Außerdem gab er mir die Telefonnummer eines Lektors, der bei der Veröffentlichung meiner Dissertation behilflich sein könnte, und versprach, mir interessante Leute vorzustellen. Es war ein schöner Krankenbesuch. Am Schluss waren wir Freunde.

Immer wieder lief mir Blut in den Mund, so dass ich weder essen noch trinken konnte. Ich hatte eine Zahnfleischoperation durchlitten und fühlte mich sterbenselend. Mein Freund, den ich gebeten hatte, mir an diesem Nachmittag beizustehen, war nicht da. Endlich schellte das Telefon. Aber es war nicht er, sondern Ulrich. Dieser nämlich hatte sich den Termin meiner Operation gemerkt, als ich im Krankenhaus darauf zu sprechen kam. Ich schluckte das Blut herunter, um einen Moment reden zu können, bedankte mich für den Trost und versprach anzurufen, sobald es mir besser gehe. Als mein Freund am Abend noch immer nicht da war, beschloss ich, ihn rauszuschmeißen und die Beziehung zu beenden, wenn er käme. Zum Zeitpunkt seines Eintreffens spät in der Nacht aber war ich so schwach, dass nicht mehr genug Wut dafür übrig war.

Ich habe Ulrich nicht mehr angerufen. Und als ich ein paar Jahre später im Telefonbuch nach seiner Nummer suchte, war kein Ulrich Heister mehr eingetragen. ❖

Wer reitet so spät auf Mutters Bauch
Das ist der Vater mit seinem Schlauch
Er hält sich an den Titten fest
Daß es sich besser ficken lässt.

Kinderreim (aus: Peter Rühmkorf,
Über das Volksvermögen)

Wir waren zutiefst versaut

Erinnert von: Holger Franke, Schauspieler, Theater- und Filmautor

Holgers erste Liebe hat goldene Locken wie eine Prinzessin aus dem Märchenbuch. Sie ist fünf wie er, heißt Elke und ist die Tochter eines Apothekers im Haus hinter dem Gartenzaun. Er träumt von ihr, vor allem im Monat Mai. In einem paradiesisch schönen Garten voller Birnbäume haben sie sich verabredet. Elke kommt tatsächlich, sie gehen aufeinander zu, kommen sich näher und näher, umarmen einander und versinken wortlos im Farnkraut, das höher ist als kleine Kinder. Der Farn schlägt über ihnen zusammen, schützt sie vor fremden Blicken und lässt sie »in eine andere Welt eintauchen«.

Mit Holger Franke, dem Gründer des legendären Berliner *Theater Rote Grütze* sitze ich auf seinem frühsommerlich besonnten Balkon in Berlin-Alt-Treptow mit Blick auf das Grün am Kanalufer. Seine Theatertruppe erregte 1973 mit ihrem Debüt, einem sexualaufklärerischen Bühnenstück für Kinder, großes Aufsehen. Heute schreibt Franke Drehbücher. Erst am Ende meines Besuchs zeigt er mir die Goldene Lola im Regal, die er vor ein paar Jahren für das Drehbuch zu dem Film *Alles auf Zucker* bekam.

Frankes Erzählung beginnt in der thüringischen Stadt Rastenberg. Das war der Ort, wo er – 1942 geboren – »die Welt entdeckte«, den ersten Frühling, die »ersten Butterblumen und die erste Liebe«. Weil er im Mai, dem Wonnemonat, wie ihn die Erwachsenen nannten, geboren war, hielt sich Holger für ein Glückskind. Vor allem »die Frauen« bestätigten ihm das gern. Die Frauen, das waren Freundinnen seiner älteren Schwestern, einige davon Kindergärtnerinnen. In einem sonnendurchfluteten Erkerzimmer – so ein schöner Erinnerungsfetzen – saß er auf dem Schoß der einen oder anderen, legte den Kopf an ihre weichen Brüste und genoss ihren Körpergeruch.

Mit sechs Jahren musste das Maienkind seine Heimatstadt verlassen. In einem Dorf in Niedersachsen wartete der Vater auf seine Familie. Aus englischer Kriegsgefangenschaft entlassen, beschloss er, im Westen zu bleiben, weil er als ehemaliger SS-Mann in der DDR keine Chancen gehabt hätte. In dem Dorf gab es einen Großbauern, bei dem fast alle ärmeren Bewohner arbeiteten, Holgers Vater als Obergärtner. Dieser mächtige Mann zahlte seinen Leuten den sehr geringen Lohn wie ein feudaler Patron halb in D-Mark und halb in Naturalien. Die Kinder wurden mit einem Handwagen auf den Hof geschickt, um die Lebensmittel abzuholen, die vor der Übergabe gewogen wurden. Neben der Waage stand der Gutsverwalter, ein Kerl in Breeches und schwarzen Lederstiefeln, an seiner Seite ein Schäferhund. Die Kinder fürchteten sich vor beiden. Mehr aber noch vor dem herrschaftlichen Großbauern, der für die damalige Zeit steinreich war. Während der Hungerjahre tauschten viele Dorfbewohner bei ihm Kostbarkeiten wie Schmuck oder Teppiche gegen Kartoffeln und Eier. »Einen

Dachboden voller Schätze hatte der, wie in Ali Babas Räuberhöhle.« Holgers Vater hasste den Mann, seines Geizes und Dünkels wegen. Holger durfte mithassen und fand Mithasser unter den anderen Kindern. Sie heckten Gemeinheiten gegen den Lokalpatron aus, kleine Rache- und Sabotageaktionen. Mit heimlichem Vergnügen ließen sie beispielsweise seine edlen Pferde aus der Koppel frei, die dann mühsam wieder eingefangen werden mussten.

Die Kinder, mit denen Holger jetzt in die Schule ging, erkannten ihn nicht als einen der ihren an. Sie lachten ihn aus, weil er anders sprach als sie. Er verwechselte G mit K und B mit P. »Sie fanden mich detsch, ich fand sie pleed.« Sie hatten Vergnügen daran, ihn zu reizen, zum Heulen zu bringen und körperlich zu quälen. Am schlimmsten trieben es die Söhne des Melkers im Nachbarhaus, deren Schreie oft über den Hof gellten, wenn der Melker sie grausam schlug. Die Misshandelten gaben an Schwächere weiter, was ihnen angetan wurde, wofür sich besonders der hilflose Dorfneuling eignete, der noch keinerlei Lobby hatte. Sie jagten Holger wie einen Hasen über die Felder. Wenn er erschöpft am Boden lag, knieten sie sich auf ihn, spuckten ihm ins Gesicht und pissten ihn an.

Trost fand Holger bei einem gleichaltrigen Nachbarsmädchen, das ebenfalls aus einer zugezogenen Familie kam und entsprechend unter den Hänseleien der Einheimischen litt. Eingeschüchtert von den feindseligen Kindern, kamen sich die beiden so nah wie Bruder und Schwester. Aus geschwisterlichen Zärtlichkeiten wurden sexuelle Spiele, und sie fanden Gefallen an der gegenseitigen Entdeckung ihrer Körper. Seine »erste Lehrmeisterin in verbotenen Spielen«, so Franke, sei die hübsche Nachbarin gewesen. Ihren Familien gegenüber aber gaben sich die beiden immer »unschuldig, lieb und sauber«. So perfekt spielten sie diese Rolle, dass keiner daran zweifelte. Und das, obwohl sie doch, wie Franke es ausdrückt, »zutiefst versaut« waren. Er erinnert sich auch an Sexspiele, bei denen ein weiteres Nachbarsmädchen mit einbezogen wurde. Anzeichen ihrer beginnenden Integration ins Dorf. Nach einer gewissen Zeit hörten auch die »bösen Buben« auf, Holger zu quälen, begannen ihn zu akzeptieren und in ihre Kreise aufzunehmen. Der half ihnen jetzt bei den Schularbeiten. Danach spielten sie Fußball, tobten über die Wiesen und durch den Wald. Sie versteckten sich in hohen Kornfeldern oder auf Heu- und Strohböden, was streng verboten war. Am aufregendsten aber waren die Spiele mit den eigenen Körpern. Ein Junge brauchte nur mal »Wollen wir ficken?« zu sagen, und schon rubbelten sie ihre Schwänze, friedlich vereint in gemeinsamer Geilheit.

Es gab das »Oberdorf«, erklärt Franke, wo die bessergestellten Familen lebten, und das »Unterdorf« der Mehrheit der ärmlichen Einwohner. Er gehörte nicht nur zu den Unterdorf-, sondern auch noch zu den Flüchtlingskindern. Trotzdem war seine Familie nicht die letzte in der Hierarchie, denn sie »hatten Kultur«, lasen Bücher, hörten Hörspiele und spielten klassische Musik. Ganz unten waren die Leute aus den Flüchtlingsbaracken, deren Kinder zerrissene Kleider trugen und schmutzig waren.

Alle nicht privilegierten Dorfkinder zwischen fünf und elf Jahren bildeten kleine Horden, in denen sie eine eigene, den Erwachsenen verborgene Kultur entwickelten. Krönung und am besten gehütetes Geheimnis dieser Kultur waren die sexuellen Spiele. »Die, die sowieso schon versaut waren«, erinnert sich Franke, »ließen sich viel schneller auf säuische Spiele ein als die Kinder der besseren Leute, sie fingen sogar oft damit an.« Das begann in den Ställen des Großbauern, die den Jungen als Pornokino oder Peepshow dienten. Wenn der Eber die Sau bestieg oder wenn der Hengst seinen riesigen »Schwengel ausfuhr«, dann rieben die Jungen ihre »kleinen, steifen Schwänze« am Holz des Kobens. Gleich danach verschwanden sie auf dem Strohboden, um miteinander weiterzumachen, »von Junge zu Junge«.

Klassenfoto von 1948, Holger Franke ganz oben links

In bestimmten Situationen überkam es nicht nur die Söhne, sondern auch die Töchter vom Unterdorf. Im Wald zum Beispiel, »wenn der warme Wind wehte und das Laub so rauschte«, beschreibt Franke, da sanken sie in weiche Blätterhaufen, und aus harmlosen Vergnügungen wurden sexuelle Orgien. Ganz im klassischen Orgienstil, nach genauem Plan nämlich, wurde dann vereinbart, was gemacht werden durfte: Alle zusammen oder einzelne Paare nacheinander, mit Anfassen oder auch mit »Reinstecken«, Jungen mit Mädchen, Jungen mit Jungen oder Mädchen mit Mädchen. Beeindruckt höre ich, was mir als Kind alles entgangen ist. Die starken »Lust- und Vorlustempfindungen« zum Beispiel, die ab einem bestimmten Punkt schnell wieder abbrachen. Dann sei es langweilig geworden, und man spielte etwas anderes. Wie sie denn das Reinstecken bei den Mädchen simuliert hätten, will ich, das einstige Stadtkind, vom einstigen Landkind wissen und bemühe mich, nicht verklemmt zu wirken. »Bei den Mösen haben wir so 'n bisschen nur gerieben, bis die Mädchen sagten ›aua‹, und dann war Schluss. Und auch das Arschloch war hochinteressant.« Jetzt weiß ich es – und auch, dass kein Loch vor diesen kleinen Schwänzen sicher war, nicht einmal ein Mauseloch. Dessen Penetration war ein Mutproben-Vergnügen. Hätte die Maus doch kommen und zubeißen können.

Auch von den Fantasien der Jungen in Bezug auf die Frauen im Dorf erfahre ich. Vor allem »die irgendwie feineren, vornehmeren Frauen« stellten sie sich gern nackt und anrüchig enthemmt vor, ganz wie es all die geilen Böcke aus dem Lager der Erwachsenen tun.

Keineswegs frei im Sinne von paradiesischer oder utopischer Freiheit, denke ich, war diese sexuelle Republik. Wie hätte sie es auch sein können, im engstirnigen Dorfmilieu, geprägt von oft brutal-autoritären Erziehungsmethoden. Diese Kinder kannten die Moral ihrer Eltern ganz genau, wussten, was »anständig« und was »unanständig«

war. Nur störten sie sich nicht daran, waren miteinander verschworene schlimme Kinder. Die Gefahr des Erwischtwerdens, ergänzt Franke, steigerte das Vergnügen ebenso wie alles Tabuisierte: »Auf dem Dorffriedhof, im Schatten der Büsche und der alten Kirche, hinter und zwischen Gräbern, blasphemische Sachen machen, auf Gräber pinkeln zum Beispiel.« Einmal auch hörten sie, dass sich jemand auf einem Dachboden erhängt hatte, und rannten hin, so schnell sie konnten, um zu sehen, wie der Sarg herausgetragen wurde, und um die »sensationsgeilen« Gespräche der Erwachsenen zu belauschen. Von einer »unbewussten Wut« und einem »Aufruhr« gegen eine bestimmte Art von Erwachsensein spricht Franke in diesem Zusammenhang und erinnert an die verbitterten Menschen der »Nach-Nazizeit«, deren verdrießliche Gesichter auch ich noch deutlich vor mir sehe.

Mit ihren subversiven Spielen schufen die Kinderbanden sich eine eigene, verboten lustvolle Gegenwelt. Sie spielten Ficken nicht anders als Verstecken. Nicht »Onkel Doktor« etwa, wie besser behütete Kinder. Nein, sie hatten es nicht nötig, ihre Spiele pseudo-medizinisch zu tarnen. Sie wollten das richtige Leben, alles, was sie im Saustall oder vielleicht im Heu bei außerehelich kopulierenden Menschenpaaren gesehen hatten. Die Eltern hatten weder Zeit noch Möglichkeit, ihre lüsterne Brut zu beaufsichtigen oder einzusperren. Die Kornfelder waren hoch, die Wiesen groß und weit das Land. Wer hätte diese Kinder einfangen sollen? Einzige Einschränkung der verbotenen Spiele war die Regel, dass nie einer der meist nichts ahnenden Erwachsenen davon erfahren durfte. Manche waren unvorsichtig, wurden erwischt und fürchterlich verdroschen.

Im Dorf, erfahre ich weiter, gab es gewisse »sexuelle Hierarchien«. Die ungewaschenen Mädchen mit zerrissenen Unterhosen aus den Baracken-Familien »waren für gewisse schnelle und schlichte Sauereien gut«. Diejenigen aber, die man in hübschen Kleidchen hinter einem Gartenzaun zu sehen bekam, inspirierten nur die Fantasie der künftigen Männer. Da war das anmutige Töchterlein des Großbauern, mit dem Holger Franke in die Schule ging. Arrogant und dünkelhaft sei die gewesen, aber eine schlechte Schülerin. Holger, der »begehrlich« von ihr träumte, war gut in der Schule und durfte auch ihr bei den Hausaufgaben helfen.

Wenn der Sohn des Gärtners mit der Tochter des Großbauern am Tisch saß, drückte er sein Knie an das ihre und versuchte, sie anzufassen. »Lass das«, sagte sie nach einer Weile. Aber sie brauchte ja seine Hilfe und ließ mit sich handeln. »Einmal kurz anfassen« gegen »Aufsatz für sie schreiben«. Holger kam nicht auf seine Kosten, und viel zu oft kam die Mutter herein. Er wollte mit Elke ins Heu, wollte, »dass des reichen Bauern Töchterlein, mit ihren sauberen Kleidern und ihrer feinen Nase, jetzt eine von uns werden« sollte. Verführerisch, in leuchtenden Farben beschrieb er ihr, wie schön man auf Heuböden toben und spielen kann. Und in geschickt gesetzten Andeutungen sprach er von noch viel Schönerem. Endlich wollte sie es genauer wissen und ließ sich von Holger ins Heu locken. Vor ein paar Jungen hatte er vorher schon mit seinen Erfolgen bei ihr geprahlt. Die wollten, wenn er sie so weit hätte, dabei sein, was er jetzt gar nicht mehr so gut fand.

Anfangs war Holger mit Elke allein. Sie sprangen von einem Balken hinunter ins Heu und begannen sich spielerisch zu balgen. Bald berührten sie sich zärtlich, und es war so schön, dass Holger seinen Hass auf ihren Vater und alles, was sie trennte, vergaß. Er hoffte, die anderen Jungen hätten nichts mitgekriegt. Die aber kamen, »und alles kippte um ins Lüsterne.« Elke aber fand das nicht schlimm und machte sogar gern mit. Nur Holger gefiel das Spiel nun gar nicht mehr. Als die anderen das merkten, schickten sie ihn zum Schmierestehen nach draußen. Elke aber verlor bald die Lust und lief an Holger vorbei ins »Herrenhaus«, ohne ihn anzuschauen. Der leer Ausgegangene schämte sich. Danach ließ sie sich nicht einmal mehr bei den Hausaufgaben helfen.

Sind die Mädchen aus der Kindheit später in anderer Gestalt wiedergekehrt, frage ich wie immer. Jede neue Liebe, überlegt Franke, setzt etwas fort oder deckt etwas auf. Er habe sein spezielles »Traumpersonal«. Die Unerreichbare beispielsweise, die im Turm sitzt und ihn zum Troubadour werden lässt, oder die Frau, mit der man sich auf direkt sinnlicher Ebene, ohne »romantische Umständlichkeit« trifft. Ob die geheimen Spiele der Dorfkinder, gebe ich zu bedenken, nicht auch romantische Aspekte hatten. »Nein«, sagt mein Gegenüber, »das war nicht romantisch, das war ein zweites säuisches Leben, das aber 'ne unglaubliche Vitalität hatte.«

In krassem Gegensatz zu dieser Vitalität und moralischen Unbekümmertheit stand Frankes Leben als Pubertierender und junger Mann. Auf einmal habe er »etwas Falsches gelernt«, versucht er zu erklären. »Die Frau, die du liebst, das ist eine, die darf nicht mitmachen. Und das Edle ist das, wonach du dich verzehren musst.« Wieso erst jetzt, frage ich, wieso erreichte ihn die herrschende Sexualmoral erst mit einsetzender Pubertät? Was war mit den kindlichen »Sauereien«? Wurden die nicht ernst genommen, weder von Erwachsenen noch von den Kindern selbst? Franke weiß es nicht. Es sei nur ganz wenig ausdrücklich gesagt, vieles von der Körperfeindlichkeit und den Schuldgefühlen vielleicht unausgesprochen vermittelt worden, was mit dem ersten Samenerguss plötzlich Macht über ihn gewann. Anders als früher meinte er jetzt, sich beim Onanieren zu beschmutzen.

Verzweifelt bekämpfte Holger Franke seine Lust, rang mit sich selbst, schwankte zwischen dem Ideal eines reinen Holger und des Schweins, als das er sich wegen seiner sexuellen Fantasien und des Drangs zum Onanieren fühlte. Ein Übriges tat der Vater, dem er nach dessen Drohung, einmal unter vier Augen mit ihm zu sprechen, monatelang aus dem Weg ging. Als der Vater ihn schließlich stellte, sagte er »das Schlimmste, was man seinem Sohn sagen kann«. Im Wortlaut: »Wenn du ein Mädchen triffst, vergiss deine Mutter nicht.« Glücklicherweise gab es noch den großen Bruder, der ihm lässig sagte, dass er sich »fürs Wichsen« nicht zu schämen brauche, weil es natürlich sei und es alle machten. Eine Last fiel von Holger ab. Und trotz der schlimmen Worte des Vaters hatte er mit sechzehn Jahren sein erstes sexuelles Erlebnis.

Martha war um die dreißig, eine lebensfrohe Jugoslawin, die ein paar Monate im Gemüse- und Obstbauernhof mitarbeitete, zu dem es die Familie inzwischen gebracht hatte. Einmal hatte Holger sie beobachtet, wie sie knutschend mit einem Mann im Gras lag. Wieder war es im Mai, in einer Maiennacht, als Holger das Onanieren satt hatte. Er stand auf und ging nackt zu Martha ins Zimmer. Erschrocken wachte sie auf, begann aber zu lachen, als sie ihn sah und schlug die Bettdecke auf. Es muss sehr schön gewesen sein mit ihr. Am nächsten Morgen aber meinte sich Holger »gegen sein Niveau versündigt« zu haben. Unter einem blühenden Fliederbusch stand die Geliebte der vergangenen Nacht und strahlte ihn an. Er tat, als ob er sie nicht sähe, ergab sich einer Depression und ging in den Wald, um zu leiden.

Liebe sollte etwas ganz Besonderes und Edles sein, auf keinen Fall etwas Unbeschwertes, Lustvolles. Noch als Franke sich längst vom Nazivater gelöst hatte, als er die Schule abgebrochen hatte, nach Südfrankreich aufgebrochen war und beschlossen hatte, Schauspieler zu werden, litt er unter den sexualmoralischen Standards und Rollenerwartungen der Fünfzigerjahre. Wie »verklemmt« und »verschwiemelt« er im Nebel romantischer »Veredelung« gewesen sei, verdeutlicht Franke an einem Beispiel. Er liebte damals eine junge Frau, die unerreichbar war. Die Unerfüllbarkeit schürte seine Leidenschaft so weit, dass er nachts vor dem Fenster der Angebeteten stand, um nur »einen Blick zu erhaschen«. Da war aber eine andere Frau, die hatte sich in ihn verliebt. Wieder war es die beste Zeit im Jahr. Das schöne Mädchen saß in einem Kirschbaum und beugte sich mit einer Kirsche im Mund verführerisch zu ihm hinunter. Es wäre so einfach gewesen. Aber statt die Kirsche anzunehmen, zog er es vor, sich weiter nach der Unerreichbaren zu sehnen. Für nicht mehr lange allerdings.

Eine Wut bekam er schließlich, sagt Franke, noch immer zornig auf all den »Schwumpf«. Endlich, erinnert er sich mit offensichtlichem Vergnügen, platzte diese Blase. Das geschah 1963 im Münchner Schauspielermilieu, wo er ein ihm ganz neues, lebensbejahendes Klima erleben durfte. Was er dann beschreibt, entspricht der Stimmung, die ich selber in den Jahren nach der Studentenbewegung von 1968 erlebte: Die Befreiung von Liebesschmalz und Körperfeindlichkeit der Fünfzigerjahre. All die draufgängerischen Experimente mit der freien Liebe, die zornige junge Frauen und Männer damals unternahmen, um sich von dem, was mein Gesprächspartner »Schwumpf« nennt, zu befreien. Auch ich bin heute noch wütend, wenn ich an das denke, was davor war.

1968 hatte Franke schon eine vierjährige Tochter. Sie gehörte zu den ersten Kindern, denen die Eltern eine andere Sozialisation wünschten als die eigene. Antiautoritär, antihierarchisch und sexualbejahend sollte die Erziehung sein, die in den dafür gegründeten Kinderläden praktiziert wurde. »Wir haben jedem kindlichen Gefühl ohne Wertung recht gegeben«, betont der einstige Aktivist dieser Bewegung. In allen Läden gab es provisorisch abgetrennte Räume, in denen die Kleinen ganz unter sich sein und machen konnten, was sie wollten. Die heute oft wütende

Holger Franke auf der Bühne, 1973

Kritik am damaligen Umgang mit Kindern und Sexualität bis hin zu Vorwürfen des Missbrauchs hält der Zeitzeuge für falsch und reaktionär. Fehler, gesteht er zu, macht jeder, der mit Kindern zu tun hat, im Verwechseln eigener Wünsche und Ambitionen mit denen der Heranwachsenden beispielsweise. Gerade die pädagogischen Kollektive aber mit ihrer Transparenz und Diskussionskultur hätten ein ideales Klima der Kritik und des ständigen Korrektivs geboten. Ganz wunderbare Menschen seien daraus hervorgegangen.

1971/72, als die sexbegeisterte Stimmung der Sechzigerjahre ihren Höhepunkt schon überschritten hatte, dafür aber Einfluss auf weite Teile der Bevölkerung zu nehmen begann, konnte Holger Franke erste Früchte davon ernten. Als Schauspieler an dem damals schon berühmten linken *Grips Theater*, das ihn engagiert hatte, entstand ein Stück zum Thema Sexualaufklärung für Kinder. Franke war dabei, probte, diskutierte, recherchierte, arbeitete mit Kindergruppen, sprach mit Schulkindern, Eltern und Lehrern und entwickelte zusammen mit anderen das geplante Stück. Das bei dieser Arbeit entstandene Kollektiv formierte sich schließlich zu einer eigenen Theatergruppe. Und ein Jahr später präsentierte das *Theater Rote Grütze* sein erstes Bühnenstück: *Darüber spricht man nicht. Ein Spiel vom Liebhaben, Lusthaben, Kindermachen und Kinderkriegen, vom Schämen und was noch alles vorkommt.*

Sexualaufklärung gab es an bundesrepublikanischen Schulen bis in die Siebzigerjahre hinein erst nach der Grundschule und auch dann nur im Stil des 19. Jahrhunderts. Religionslehrer oder Psychologen trennten die Mädchen von den Jungen, um sie zunächst über die Befruchtung der Blumen zu belehren. Dann stießen sie zur Aufklärung über menschliches Sperma und Ei vor, um gleich danach die Überlegenheit der geistig-seelischen Liebe gegenüber der rohen Sinneslust zu preisen. Weder vom Sexualakt selbst noch von Verhütungsmitteln war die Rede, wohl aber von den grauenhaften Folgen der Geschlechtskrankheiten.

Als das *Theater Rote Grütze* das Stück *Darüber spricht man nicht* plante, hatte man an bundesrepublikanischen Schulen einen modernen, das heißt fakten- statt moralbezogenen Sexualkundeunterricht eingeführt. Was Franke und sein Kollektiv aber vorhatten, war nicht nur sachliche Aufklärung, sondern auch lustbetontes Spielen mit deren Inhalt. Die Mitglieder des Theaterkollektivs versuchten sich ihrer eigenen sexuellen Bedürfnisse zu entsinnen. »Jeder von uns«, erklärten sie zu ihrem Stück, »hat als Kind mit anderen Kindern Erfahrungen gemacht, die der Moral der Erwachsenen widersprachen.« Diese Spiele, heißt es weiter, »haben uns Spaß gemacht, aber sie waren verboten. So war der Spaß nur halb und das Vertrauen auch.« Keiner konnte dazu mehr einbringen als Franke, der sich zum ersten Mal wirklich in seinem Element fühlte. Schauspieler an einem normalen Theater, sagt er, sei nicht ganz das Richtige für ihn gewesen. Diese Art Kindertheater aber, »das Vergnügen macht und in dem es um Vergnügen, Lust, Körper und Gefühle, also auch Liebe« geht, das war's. Noch fünf Jahre vor seiner Premiere unvorstellbar, wurde das Stück ein riesiger Erfolg. Trotz heftiger Kritik von konservativer Seite und Versuchen, die Aufführung zu verhindern, bekam es anerkennende Besprechungen in allen großen Zeitungen. Die Vorstellungen waren ausverkauft, und es gab viele Gastspiele in der ganzen BRD. Ein Kongress von Grundschullehrern verabschiedete eine Resolution, in der der Berliner Senat aufgefordert wurde, die Aufführung des Stückes an Schulen zu fördern. Mehr als fünfzig Mal wurde *Darüber spricht man nicht* im In- und Ausland nachinszeniert, auch in Japan und in Ländern Lateinamerikas, Afrikas und Skandinaviens, einmal sogar in der DDR und später auch in den neuen Bundesländern.

Es war der schöne, gute, friedensstiftende Sex der Hippies und der revoltierenden Studenten, die Atmosphäre von Aufbruch und Veränderung, was bei Kindern wie Erwachsenen so unglaublich gut ankam. Um die Aufhebung von Verboten ging es damals, um die Befreiung von Angst und Scham. »Obszöne« Wörter wurden rehabilitiert. Erwachsene erklärten den Kindern, was mit »Schwanz und Möse« passiert, wenn sie sich überall streicheln und küssen. Kinder streichelten einander auf der Bühne. »Feste voll Lust, Frechheit und Zärtlichkeit« waren das, sagt Franke, die er und seine Kollegen damals mit dem Publikum feierten.

Als ich den Theatergründer zwei Jahre nach unserem Interview wiedersehe, sprechen wir über den zunehmenden Sexualkonservatismus und über die Sündenbockrolle der 68er-Bewegung. Empört erzählt mir Franke von einer Maischberger-Talkshow zum Thema sexueller Kindesmissbrauch. Der Theaterregisseur und Komponist Franz Wittenbrink behauptete darin, im Berlin der Siebzigerjahre seien im Umkreis der »*Rote Grütze*-Liedermacher« dreizehnjäh-

Theater Rote Grütze live 1973

rige Mädchen gezwungen worden, sich nackt auszuziehen. Niemand, so Franke, habe den Mann gefragt, ob er dabei gewesen sei. Niemals, versichert mir der, der immer dabei war, sei beim *Theater Rote Grütze* jemand gezwungen worden, sich zu entkleiden. Nicht einmal freiwillig habe sich jemand ausgezogen. In derselben Talkshow, fährt Franke fort, empörte sich die Autorin der neurechten *Jungen Freiheit* Gabriele Kuby darüber, dass in einem Aufklärungsbuch der Bundeszentrale für gesundheitliche Aufklärung der »After als Sexualorgan angepriesen« werde. Das Familienministerium solle diesem Skandal ein Ende setzen. Heiner Geißler schließlich, der auch eingeladen war, habe dies mit den Worten »Da haben Sie recht« bestätigt, und keiner habe gelacht.

Fühlst du nicht an meinen Liedern,
Dass ich eins und doppelt bin?
Johann Wolfgang von Goethe

Meine erste und einzige Liebe

Erinnert von: Xavi und Samsabú Gudrich, Lateinlehrer

»Mit zwölf haben wir uns kennengelernt und seitdem gibt es uns nur noch im Doppelpack.« Das liest man auf der bunt bebilderten Webseite der *Schola Latina Catilina*, wenn man »Das Team« anklickt. Ein Foto zeigt Xavi und Samsabú Gudrich, zwei junge Männer in bunten Pullovern, zärtlich aneinander gelehnt und fröhlich lächelnd. Der eine trägt Glatze, des anderen Haar ist teilrasiert, entfernt an eine Tonsur erinnernd.

Im idyllisch-provinziellen Emmendingen, nicht weit von Freiburg, holen mich Xavi und Samsabú, die mit Vornamen angesprochen werden wollen, am Bahnhof ab. Sie sind um die dreißig und pflegen einen exzentrischen Stil, etwas zwischen punkig und alternativ. Zu wenig Leder und Metall für Punk, zu viele Tätowierungen und zu wenig Haare fürs Alternative. Die beiden verzeihen meine Verspätung, strahlen mich an, geben mir aber nur zögernd die Hand. Erst am Ende meines Besuchs erfahre ich, warum. Ich trug einen Lederhandschuh, und den konnten die radikalen Veganer nicht anfassen, ohne an das tote Tier zu denken. Die

Wohnung des verheirateten Paares ist liebevoll mit einer stilistischen Kombination aus klassischer Antike, Folklore und Nostalgie des 19. Jahrhunderts dekoriert. Ich begrüße Achill, einen weißen Kater mit Tigerflecken, und erfahre von zwei Meerschweinchen, die gerade schlafen. Ohne Tiere können sie nicht leben, bekennen meine Gastgeber, und erzählen vom gescheiterten Versuch, die Katze vegetarisch zu ernähren.

Xavi und Samsabú studieren Latein, Griechisch und Alte Geschichte. In den Semesterferien aber unterrichten sie an der von ihnen gegründeten, gut besuchten *Schola Latina Catilina* in Freiburg. Sie geben Kurse für Kommilitonen, die das Latinum nachholen müssen, und versuchen, die Teilnehmer für Geschichte und Kultur der Antike zu begeistern. In Opposition zu den großen »motivationstötenden« Lateinkursen der Universitäten hätten sie eine »kleine Verschwörerschule« ins Leben gerufen, sagt Xavi. Benannt ist diese nach Catilina, dem Verschwörer gegen Cicero und den römischen Senat. Dazu passend tragen die einzelnen Unterrichtsangebote wie der »Cursus Cethegus« und der »Cursus Lentulus« die Namen von Catilinas Verschwörer-Freunden. Zu denen gesellt sich aber auch im »Cursus Tiro« Ciceros bester Freund, Sklave und Sekretär. Xavi plant, den vielen Tattoos, die seinen Körper schon bedecken, eins mit dem Bild seines schillernden Helden hinzuzufügen. Samsabú begann einen Catilina-Roman zu schreiben, der nach beendetem Studium als »wissenschaftlicher Roman« vollendet werden soll.

Die rebellischen Lateinlehrer sprechen abwechselnd in das Mikrofon, das ich zwischen ihnen aufgestellt habe. Beide sind selbstbewusst, wirken reif für ihr Alter und lieben die Selbstdarstellung als Paar. Die Antworten auf meine Fragen sind so souverän gewählt und geschliffen formuliert, als wenn sie täglich Interviews gäben. Nicht einmal fallen sie sich ins Wort, reden gleichzeitig oder konkurrieren um die Gesprächsführung. Genauso – simultan, wie sie es nennen – unterrichten Xavi und Samsabú an ihrer Schule. Eigentlich wollten sie Studienräte werden, bis ihnen klar wurde, dass sie dann den größten Teil des Tages getrennt verbringen müssten. Das aber könnten sie nicht ertragen, denn ihre Beziehung bedarf ständiger Nähe und permanenten Dialogs.

Am Anfang habe ich Schwierigkeiten, Xavi und Samsabú auseinanderzuhalten. Ich weiß nicht mehr, wer was gesagt hat, und verwechsle die Namen, so wie es einem bei Zwillingen geht. Obwohl sie ganz unterschiedliche Stimmen haben, sprechen die Lebens- und Arbeitspartner im gleichen Tonfall wie aus einem Mund. Und trotz kaum ähnlicher Gesichtszüge wirken Mimik, Gestik und Bewegungen gleich. Eine perfekte Symbiose oder gar ein zweifaches Ich? Noch nie habe ich ein Paar getroffen, das so viel Übereinstimmung und Harmonie ausstrahlt.

1989 in Freiburg fing alles an. Samsabú Gudrich war damals zwölf. Er kannte »fast alle« Fremdwörter und war stolz darauf. Die Eltern – wohlhabend, gebildet und von der 68er-Bewegung geprägt – förderten sein Interesse an Sprachen, Geschichte und Musik. Am glücklichsten aber war er, wenn der Großvater zu Besuch kam. Der, ein typischer Bildungsbürger, erzählte dem Enkel von persischen Königen oder den alten Griechen und Römern. Samsabú war der Jüngste in seiner Klasse der Freiburger Gesamtschule, aber ein sehr guter Schüler. Er war größer als die anderen und körperlich weiter entwickelt. Neidisch beäugten die anderen im Sportunterricht seine sprießenden Achsel- und Schamhaare. Er aber fühlte sich noch als Kind und litt darunter, älter auszusehen, als er war. Er pflegte keinerlei Männerkumpeleien, sondern war eng mit der Klassenkameradin Lea befreundet, mit der er schon als Kleinkind gespielt hatte.

Eines Tages entdeckte Samsabú auf dem Flur der Schule einen neuen Schüler. Der war klein und dünn und trug ein übergroßes Hemd. Die »langen Storchenbeine« steckten in knallengen Jeans, die Haare waren gefärbt, und lila Jocks vervollständigten das Schrille seiner Erscheinung. Dazu kam die laute Stimme dieses »unglaublich energiegeladenen« Jungen. Samsabú, dessen Familie in einem Dorf in der Freiburger Umgebung lebte, hatte so etwas noch nie gesehen. Sofort aber wusste er, dass dies ein »ganz besonderer Mensch« war, »jemand mit großem Charakter«. Und das, obwohl der Schulneue zu einer Clique aus Samsabús Parallelklasse gehörte, die er als aggressiv und »fast abstoßend« empfand.

Mit zwölf war Xavis Körper noch ganz kindlich, ohne jedes Anzeichen von Pubertät, aber »geistig« kam er sich »sehr weit fortgeschritten« vor. Schon lange hatte er unter dieser Diskrepanz gelitten und sich damit sogar in einem Brief an seine Lieblingszeitschrift *Bravo* gewandt. Er sei neun, fühle sich aber mindestens wie elf, was er nur machen solle, hatte er besorgt gefragt. Er wuchs in Berlin auf und besuchte dort eine Grundschule mit progressivem Anspruch. Auch seine Eltern waren 68er-Linke, »Hippies«, wie die jungen Leute es ausdrücken. 1989 zog die Mutter mit Xavi nach Freiburg. Hier in der Provinz und auf einer ganz normalen Schule tat er sich schwer. Er galt als frech, weil er mit den Lehrern wie mit Gleichen redete, provozierte mit seiner exzentrischen Erscheinung und scheinbar unpassenden Bemerkungen. Einmal, als die Schüler im Ethikunterricht eine Postkarte zum Thema Liebe ausgeteilt bekamen, auf der – mit Weichzeichner entschärft – ein nacktes Paar zu sehen war, meinte Xavi, zwei Frauen zu erkennen. Bedenkenlos fragte er den Religionslehrer, ob das Lesben seien. Nach dem Unterricht von den Mitschülern zum Thema Lesben interviewt, berichtete Xavi alles, was er über solche Frauen wusste. Aus der *Bravo* wahrscheinlich, meint er. Die Kinder erzählten es zu Hause, und Eltern beschwerten sich über den ungebetenen Aufklärungsunterricht. Eine Konferenz beschloss, den auffälligen Schüler durch Versetzung in die Parallelklasse zu isolieren.

Samsabú fand Xavi nun noch aufregender. Begeistert erzählte er seiner Mutter, dass da jetzt einer in der Klasse sei, der ebenso viele Fremdwörter kenne wie er. Während er die Nähe des interessanten Neulings suchte, begann Xavi sich für Samsabús Freundin Lea zu interessieren. Eifersucht kam auf, sie buhlten um das Mädchen, und es kam zu großen Krächen und Streitereien. Samsabús Faszination für den exotischen Fremdling aus Berlin aber ließ nicht nach, sondern wurde bald von Xavis Zuneigung zu ihm erwidert. Mehr und mehr bildeten die Fremdwort-bewanderten Zwölfjährigen eine »neue Einheit«, so dass Lea an den Rand gedrängt wurde.

Xavi und Samsabú um 1990

Die beiden waren jetzt beste Freunde. Sie begannen Musik zu spielen und Songs zu schreiben. Jede Minute nutzten sie, um zusammen zu sein, und schwänzten oft die Schule, um Zeit füreinander zu gewinnen. Samsabú hätte auch gern bei Xavi übernachtet, was der aber noch nicht wollte. – Als Xavi das erzählt, distanziert sich Samsabú beleidigt von den »Hintergedanken«, die ihm damit unterstellt würden. Es ist das einzige Mal während unseres langen Gesprächs, dass sich die Befragten nicht ganz einig sind. – Samsabú war es auch, der bald das Bedürfnis verspürte, seine Gefühle zu offenbaren. Eines Tages im Ethikunterricht schien ihm der richtige Zeitpunkt gekommen zu sein. Er malte ein Herz auf Xavis Schulbank und schrieb »I love you« hinein. Der Gemeinte sah es zunächst nicht, so dass Samsabú mit dem Finger darauf tippen musste. Xavi überlegte nicht lange, sondern schrieb »me too« daneben. Bei der Erinnerung daran seufzen beide wehmütig, und Xavi meint: »›I love you‹ auf dem Tisch in Ethik – soo romantisch«.

Bald hatten die Verliebten kaum mehr Kontakt zu Schulkameraden oder Nachbarskindern. Sie konzentrierten sich mit aller Kraft aufeinander und lebten nur noch zu zweit in ihrem »eigenen Mikrokosmos«. Samsabú spricht von »der Befruchtung mit der Musik«, Xavi vom »Geistigen«, das dazu kam, und vom »Funken«, der übersprang, als sie sich fanden. Schon mit dreizehn wäre Samsabú am liebsten mit Xavi zusammengezogen. Ein Kind zu sein, das eigene Leben nicht planen und organisieren zu können, dazu noch auf dem Dorf zu leben, das war schrecklich für ihn. Wenn sie sich nach der Schule trennen mussten oder Xavis Mutter ihn nach einem gemeinsam in ihrer Wohnung verbrachten Nachmittag nach Hause schickte, weinte er bitterlich. Die Abschiede dauerten immer länger, die Mutter musste grob werden, um ihn zum Gehen zu bewegen. Xavi versuchte, den Freund zu beruhigen, und schenkte ihm Kuscheltiere zum Trost. Kaum aber bei seiner eigenen Mutter angekommen, stürzte der Untröstliche ans Telefon, und sie sprachen stundenlang miteinander.

Anders als bei Menschen meiner Generation, die jetzt stolz von den Anfängen ihres Sexuallebens erzählt hätten, muss ich danach fragen. Zärtlichkeiten und Körperkontakt, höre ich, entwickelten sich graduell, erst kindlich naiv, dann bald auch sexuell gefärbt mit fließenden Übergängen. Der erste Kuss allerdings war als Probe für später gedacht, wenn es Mädchen zu küssen gelte. Er fiel also weniger erotisch als »wissenschaftlich« aus. Wie sie denn schmecken würden, fragten die Experimentierenden einander danach, besorgt um ihre künftige Qualität als Liebhaber. Von der Zukunft inspiriert war auch eine Fantasie ganz besonderer Art. Das kindliche Paar stellte sich vor, einmal zusammen in einem großen Haus zu leben, beide mit Frauen verheiratet. Das Schlafzimmer würden sie teilen, aber rechts und links daneben wären die Zimmer für die angeheirateten Frauen. Weder ein Eheleben noch ehelicher Sex oder Kinder waren eingeplant. Die Frauen waren gesichtslos, ein »Beiwerk« nur, um »die Konvention zu erfüllen«. Denn als erwachsener Mann hat man ein Haus und eine Frau.

Auch gewagtere Visionen hatten die Dreizehnjährigen, denn nichts wollten sie lieber als berühmte Rockstars wie die Beatles sein. Sie trugen Pilzköpfe, versuchten sich wie ihre Vorbilder zu kleiden und sangen *All You Need Is Love*, *Help!* oder *Norwegian Wood*. Dazu kamen erotische Rollenspiele aus dem Alltag der Helden zu verschiedenen Zeiten ihres Ruhmes. Gern zum Beispiel spielten sie die Beatles in Hamburg von 1960 und erfanden eine Affäre von John mit Paul oder John mit George. Mit kindlichem Eifer schlüpften sie in die Rollen ihrer schwulen Fantasie-Beatles, träumten von ihrer künftigen Rockmusik-Karriere und entwickelten ihr eigenes Sexualleben wie im Spiel.

An dieser Stelle versagt mein Tonbandgerät, ich brauche neue Batterien. Samsabú, wird beschlossen, soll mich zum Supermarkt begleiten, während Xavi die Zeit nutzt, um an seiner Examensarbeit über *Die Darstellung des Catilina bei Sallust und Cicero* zu schreiben. Vor dem Laden, in dem wir die Batterien kaufen wollen, stehen auf einem Container für Glasabfall ein paar großmütterliche Teller, Tassen und Untertassen. Ich war früher eine leidenschaftliche Müllsammlerin und kann bis heute kaum an einem Abfallhaufen vorbeigehen, ohne nach den sich vielleicht darin verbergenden Schätzen zu spähen. Ich schlage also vor, das Geschirr einzusammeln, bevor ein anderer es entdecken würde. Samsabú lächelt zufrieden, wir sichern uns den Fund und betreten den Supermarkt, sichtbar damit beladen. Ich erzähle vom Beginn meiner Müllbegeisterung als Hausbesetzerin im Frankfurt der Siebzigerjahre, von meinen Hungerzeiten in New York und den großartigen Müllfunden vergangener Zeiten. Versteht Samsabú das Lebensgefühl, das meine Müllaffinität ausmacht? Oder erinnere ich ihn bloß an seine Mutter?

Die Tassen und Teller sind in der Küche abgestellt, mein Tonband läuft wieder, und ich kann es nicht lassen, die jungen Leute nach ihrer sexuellen Aufklärung und der Einstellung der Eltern zur Sexualität zu fragen. Wieder erwähnen sie »diese Hippiegeschichte« in ihren Familien. Mit vier, überlegt Xavi, war er aufgeklärt. Und Sambsabú fällt ein, dass seine Eltern zu Hause nackt herumliefen. An Vorurteile gegen Schwule kann sich keiner erinnern. Weder gegen Sex noch gegen Homosex dürften diese »Hippie«-Eltern etwas gehabt haben. Da war aber etwas anderes, was ihnen, vor allem Xavis Mutter, Sorgen machte: die ungewöhnliche Symbiose des blutjungen Liebespaares, das Fehlen anderer Freundschaften, Flirts oder auch sexueller Experimente. Samsabú war vor seiner Begegnung mit Xavi immerhin schon in drei verschiedene Jungen verliebt gewesen, mit, wie er betont, »lang andauernden, sehr treuen Gefühlen«. Xavi dagegen hatte bis auf ein paar oberflächliche Schwärmereien für Mädchen noch kaum Romantisches erfahren. »Es war meine erste und einzige Liebe«, sagt er schlicht und versichert, nie mit jemand anderem geschlafen zu haben. In keiner Phase seines Lebens kam es ihm in den Sinn, »was anderes auszuprobieren«. Samsabú nickt zustimmend, bei ihm war es offenbar nicht anders.

Kein Wunder, denke ich, dass Xavis »Hippie«-Mutter das nicht gut fand. War doch die Monogamie eines der roten Tücher für all die, die in den biederen Fünfzigerjahren aufgewachsen waren. Damals, als von Mädchen noch das jungfräuliche Eintreten in den Ehestand erwartet wurde. Damals, als sich so viele ihre unglücklich verheirateten Eltern zum negativen Vorbild nahmen: Jene traurigen, gesetzlich zusammengeschweißten Paare, die nur um des guten Rufes Willen zusammen blieben, obwohl die Liebe längst vergangen war. Eine »symbiotische Zweierbeziehung«, so klingt mir das Negativschlagwort noch in den Ohren, war für unsereins das Letzte.

Seine Mutter, so Xavi, versuchte ihn zu überreden, mit Schulfreundinnen in die Disco zu gehen, etwas, was ihn überhaupt nicht interessierte. Er könne ruhig länger bleiben und auch jemanden mitbringen, versprach sie und schleppte ihn sogar selber einmal in einen Club. Als ihre Aufmunterungsversuche zu einem Leben, das ihr jugendgemäß erschien, nichts fruchteten, versuchte die Besorgte, ihr Kind von seinem einzigen Freund und seiner einzigen Liebe zu trennen. Auf ihr Betreiben hin wurde Samsabú auf eine andere Schule geschickt. Der gewünschte Effekt aber, dass die beiden, mit der neuen Situation konfrontiert, sich jugendlich flexibel erweisen und neue Freundschaften eingehen würden, trat nicht ein. Stattdessen besuchten sie einander in den jeweiligen Schulen, der eine nahm am Unterricht des anderen teil, und sie schwänzten noch mehr als zuvor. Auch ein Versuch, Samsabú nur noch einen Nachmittag in der Woche bei Xavi zu erlauben, schlug fehl. Die Liebenden unterliefen das Verbot mit Lügen und Ausreden, nichts und niemand hätte sie je trennen können. Stattdessen wurden sie sich immer ähnlicher. Sie zeigen mir Fotos, auf denen sie als Dreizehnjährige mit ihren historisch kopierten Pilzköpfen kaum zu unterscheiden sind. Sie vernachlässigten die Schule, isolierten sich mehr und mehr und arbeiteten an ihrem gemeinsamen Traum, einer Rockmusik-Karriere. Mit sechzehn traten die beiden in Freiburg mit einem Schlagzeuger als Punkband auf und ernteten erste Erfolge.

Trotz aller Übereinstimmung aber, höre ich mit Staunen, war die inzwischen über dreijährige Symbiose von heftigen Konflikten überschattet. Xavi und Samsabú stritten sich ebenso leidenschaftlich, wie sie sich liebten. Anfänglich durch die Konkurrenz um das Mädchen Lea ausgelöst, verselbstständigten sich die Streitereien des Schülerpaares, so dass nichtigste Anlässe zu abrupten Zornesausbrüchen führten. Noch in ihrem sechzehnten Lebensjahr, als sie schon offiziell verlobt waren, kam es täglich zu einer Schlägerei, so regelmäßig, dass man »die Uhr danach stellen konnte«. Beide waren »aufbrausend« und »hitzköpfig« und konnten »auch schnell mal zulangen«. Bis heute, versichert Samsabú, sind sie hitzköpfig, haben sich aber längst »zusammengerauft«. Eines Tages nämlich, nicht lang nach der Verlobung, schlossen Xavi und Samsabú einen »Pakt« mit dem Vorsatz, sich nie wieder zu streiten noch zu schlagen. Anders als bei den meisten zu Auseinandersetzungen neigenden Paaren blieb es nicht bei den guten Vorsätzen, sondern aus dem streitsüchtigen wurde ein harmonisches Paar. »Und jetzt streiten wir uns nie«, sagt Samsabú, den ich mir als konfliktsuchenden Menschen oder gar Schläger kaum vorstellen kann.

Kurz vor dem Abitur verließen die beiden Außenseiter Freiburg, die Schule und ihre Mütter. Schon lange hatte Xavi angekündigt, er werde nach London ziehen, sobald er achtzehn sei, und für Samsabú war klar, dass er ihm folgen würde. Freiburg mit seiner provinziellen Musikszene war ihnen längst zu eng geworden, kein Ort für die Entfaltung großer Talente. London dagegen mit seiner ruhmreichen Rockgeschichte, das wäre etwas Angemessenes für Musiker vom Format der Beatles. In der Traumstadt aber lief es anders als erwartet. Die Musiktrends entsprachen nicht dem, was die Neuankömmlinge zu bieten hatten, so dass das Abenteuer kaum ein halbes Jahr dauerte.

Enttäuscht kehrten Xavi und Samsabú nach Freiburg zurück, aber nur, um bald zum nächsten Schlag ihrer ehrgeizigen Lebensgestaltung auszuholen. Sie verkauften alles, was sie hatten, und flogen, ohne die Mütter auch nur zu fragen, nach Los Angeles. Das Startkapital war mager, so dass sie, wie Xavi berichtet, in den ersten Wochen »unglaublich arm und ganz dünn« gewesen seien. Oft mussten sie um Essen betteln, und sie schliefen in der Baustelle eines Cafés auf dem Sunset Boulevard – bei nächtlichen Temperaturen, die sie erbärmlich frieren ließen, denn sie hatten sich Kalifornien viel heißer vorgestellt. Trotz alledem aber gab es nichts Schöneres, als »so richtig für die Kunst zu leben«. Schließlich gelang es dem Musikerpaar, sich in der Untergrund-Rockszene mit einer Mischung aus Hardrock und Punk zu etablieren. Die Auftritte und etwas Schwarzarbeit in einem Plattenladen brachten genug Geld, um eine kleine Wohnung in einer Seitenstraße des Sunset Boulevard zu mieten und ihren Traum vom ganz freien Leben zu verwirklichen.

Black Lürxx nannten sich die Punkrocker jetzt und gaben eine Fanclub-Zeitschrift heraus, in der jedes Mal auch etwas über das Leben und die Fortpflanzungsweise von Lurchen zu finden war. Xavi zeigt mir ein großes Tattoo mit schwärzlichen Amphibien auf seinem Arm. Auch die Schallplatten, die die Band produzierte, waren eigenwillig. Das Publikum sollte nicht nur Musik hören, sondern auch

Xavi und Samsabú Gudrich als Heavy Rocker

etwas lernen. So besangen Nick und Johnny, wie sie sich damals nannten, die skythischen Stämme des Altertums mit ihren sagenumwobenen Reiternomaden oder die Geheimnisse keltischer Steinkreise.

Nach zwei Jahren einer hoffnungsvollen Rocklaufbahn fand sich eine Musikagentin, die die *Black Lürxx* in Finnland managen wollte. Sie willigten ein und zogen nach Helsinki, wo sich alles gut zu fügen schien. Eine Plattenaufnahme gelang, finnische Fans jubelten den Ex-Freiburgern zu, und Sony Music winkte gar mit einem Plattenvertrag. Unter der Bedingung allerdings, der Band ihre Texte vorzuschreiben und sie ausschließlich für eine Fan-Zielgruppe vierzehnjähriger Mädchen zu vermarkten. Die Lurche lehnten das ab, wollten lieber vom Erlös ihrer Konzerte leben. Das aber konnten sie nicht, denn die Managerin hatte sie betrogen. Mit ungebrochenem Mut zogen die Geprellten weiter, noch einmal in eine Hochburg der Rockmusik. Hamburg war es diesmal und brachte zunächst noch weniger Glück. Der Schlagzeuger wurde von Hooligans verprügelt und konnte lange nicht spielen. Eine geplante Europatour fiel deshalb ins Wasser. Xavi bekam eine Stimmbandentzündung und verlor seine ungewöhnlich hohe Stimme, so dass er die eigenen Hits nicht mehr singen konnte und die Zukunft ungewiss war.

In dieser schlechten Zeit begannen sich die Punkrocker nach etwas zu sehnen, was höher ist und länger währt als die Wechselfälle einer Musikerkarriere. Xavi und Samsabú suchten Religion. Beide waren nicht getauft, nie von den Eltern in die Kirche geschickt oder auch nur über religiöse Bräuche informiert worden. Xavis Mutter war Pfarrerstochter und muss eine Aversion gegen Gott und Kirche gehabt haben. »So typisch 68er, halt Rebellen«, meint Xavi nachsichtig und erzählt, wie ihm die Großeltern eine Kinderbibel schenkten, die er verschlang. Schon mit elf versuchte er gelegentlich zu beten und verübelte den Eltern, es ihm nicht beigebracht zu haben. Jetzt wollte er es lernen. Auch Samsabú, der während eines Schüleraustauschs von der Religiosität seiner Gastfamilie angesteckt worden war, entdeckte seine spirituellen Neigungen neu. Am Heiligen Abend des Jahres 1998 also besuchten die Heidenkinder einen Gottesdienst der evangelischen St.-Pauli-Kirche am Hamburger Hafen, nicht weit von der Wohngemeinschaft, in der sie lebten. Mitgerissen von einer unkonventionellen

Predigt, gingen sie von nun an jeden Sonntag in die Kirche. Eine Freundschaft mit den beiden Gemeindepfarrern entstand, und ein halbes Jahr später, nach wöchentlichen Bibeldiskussionsstunden zur Vorbereitung, ließen Xavi und Samsabú sich taufen.

Ein zweites Bedürfnis meldete sich: das nach einem Brotberuf, einer Ausbildung, die die Entwurzelten als Künstler unabhängig machen könnte. Wie immer war es Xavi, der Pragmatiker, der bald wusste, was zu tun war. Er schlug vor, das Abitur nachzuholen. Samsabú ließ sich überreden, und beide Mütter waren bereit, den Beginn der neuen Karriere zu finanzieren. Diese begann auf einer Hamburger Privatschule, besucht meist von Kindern reicher Leute, die an anderen Schulen versagt hatten. Da saßen die einstigen Schulabbrecher nun – damals noch langhaarig und viel wilder gekleidet als heute – wie Paradiesvögel mit den jüngeren, meist faulen Schülern im Unterricht und merkten, wie »hungrig« sie nach »Bildung« waren. In der Welt der Rockmusiker, die sich nach Xavis und Samsabús Erfahrung über ihr Metier hinaus meist nur für Drogen und Partys interessieren, hatten sie diesen Teil ihres Wesens vernachlässigt.

Am schönsten war das Fach Latein. Vermittelt durch einen charismatischen Lehrer, wurde die Sprache vergangener Zeiten zur »Liebe auf den ersten Blick«. Seither können sie sich ein Leben ohne Latein nicht mehr vorstellen, erklärt Xavi und betont noch einmal seine und Samsabús Entwicklung hin zu vollständiger Interessengleichheit von Kindesbeinen an. – Man schrieb inzwischen das Jahr 2002, das die Legalisierung der Homo-Ehe mit sich brachte. Kein Wunder also, dass die immer Gleichgesinnten eines der ersten schwulen Paare waren, die damals standesamtlich heirateten. Ein Jahr später gaben sie sich das Jawort noch einmal in der St.-Pauli-Kirche, wo die Pfarrer-Freunde es sich nicht nehmen ließen, die Trauung von Xavi und Samsabú Gudrich gemeinsam zu vollziehen.

Xavi und Samsabú heute

Acht Jahre nach ihrem Ausbruch aus einem geregelten Leben, der Flucht aus der süddeutschen Provinz und dem Sprung in weltstädtische und überseeische Abenteuer kehrten die verlorenen Söhne nach Freiburg zurück, um Latein zu studieren. Mit glänzenden Abitursnoten, getauft, verheiratet und wie immer siegesgewiss. Nur zwei weitere Jahre später gründeten sie ihr nach dem römischen Skandalpolitiker genanntes Sprachinstitut, an dem sie jetzt wieder zusammen in die Schule gehen. Um sich und der Welt all das zu erklären, haben Xavi und Samsabú einen Bildungsroman geschrieben: Der Ich-Erzähler entflieht dem Spießertum seiner Akademikerfamilie, wird ein wilder Rockmusiker, nimmt Drogen und tut alles, um seine Vergangenheit abzuschütteln. Dann aber beginnt ihm sein zweites, in Kunstgenuss und Bildung verwurzeltes Ich zu fehlen, und er gerät in einen zunächst unlösbaren Konflikt. Am Ende versteht er, dass die Bildung, wie sie ihm einst vermittelt wurde, nur »ein Abklatsch des wahren Feuers ist, das er eigentlich sucht«. Da lernt er das Rebellische in ihm mit dem Bedürfnis nach klassischer Bildung und Kultur zu versöhnen, so wie Xavi und Samsabú, als sie sich von der Rockmusikerszene verabschiedeten: »Wir sind ja nicht zu Uni-Spießern geworden. Wir sind ja immer noch Punkrocker von der Einstellung her«, konstatiert Samsabú, bevor er wieder auf den Protagonisten des Romans zurückkommt. »Und das ist sein Weg«, sagen dessen Schöpfer, diesmal synchron, wie wenn sie jetzt endgültig eins geworden wären.

Bevor ich mich verabschiede, werden die Meerschweinchen gefüttert, die inzwischen ausgeschlafen haben. Auf ihren kurzen, dünnen Beinen eilen sie sorglos zum Fressnapf, ohne dass der Kater Achill auch nur eine Lefze verzieht. Jede andere Katze hätte sich auf die kleinen Nager gestürzt, denke ich. Hier aber im Haus des idealen Paares lieben sich die Tiere wie die Menschen. Das Lamm könnte sich zum Löwen legen. So groß gar ist die Harmonie in der Welt von Xavi und Samsabú, dass die Ruchlosigkeit eines Catilina mit der Liebe des Christentums vereinbar ist und der Nihilismus der Punks mit dem Idealismus der Suche nach der »wahren Kunst«.

Nachtrag

Mein Interview mit Samsabú und Xavi Gudrich stammt vom August 2008. Als ich im Juni 2015 wieder Kontakt mit ihnen hatte, war Samsabú dabei, die *Schola Latina Catilina* ganz auf Fernkurse umzustellen, so dass sie auch für nicht Studierende offen ist. Vorausgegangen war eine Zeit, in der die Schulgründer versuchten, ihr Projekt, von dem zwei Menschen nicht leben konnten, durch Zuarbeit aufrechtzuerhalten. Xavi erlitt dabei ein Burnout. Er zog sich nach Katalonien zurück, wurde dort politisch aktiv und beschloss, nicht mehr zu unterrichten. Auch die religiöse Phase endete in dieser Zeit. Heute absolviert Xavi in Barcelona und Lüneburg ein Studium der *Environmental and Sustainability Studies*. Samsabú wird ihm zusammen mit ihren Katzen an einen dieser Orte folgen.

Zu ihrer persönlichen Entwicklung und ihrer trotz aller Probleme ungebrochenen Liebe schrieb mir Samsabú, er und sein Partner hätten nach Xavis Zusammenbruch erkannt, dass sie sich seit dem zwölften Lebensjahr als Individuen kaum weiterentwickelt hatten. Jetzt aber, nach viel Arbeit an ihrer beider Individualität, seien sie auf dem Weg zu »noch mehr Stärke« in einer frei gewählten statt symbiotisch stagnierenden Einheit, »vom zusammen sein MÜSSEN zum zusammen sein WOLLEN.«

Ich wünschte mir, dass sie von einem wilden Stier oder einem Indianer verfolgt wird und ich sie retten kann, aber irgendwie passiert es nicht. ... Wenn ich im Bett liege, stelle ich mir die ganze Zeit vor, wie große Jungs sie beleidigen und dafür Prügel von mir beziehen.

Mark Twain

Ihr Vater war ein Zierfischhändler

Erinnert von: Klaus Staeck, Plakatkünstler

Kinder«, meint Klaus Staeck überzeugt, »können ja lieben und auch große Gefühle entwickeln«. Die Idee, den politischen Grafiker und Präsidenten der Akademie der Künste nach seinem kindlichen Liebesleben zu fragen, kommt mir bei einer zufällig eingeschalteten Ausstrahlung eines Zeitzeugengesprächs. »Mit 17 – Erinnern oder Vergessen?«, so der Titel. Ein fast neunzigjähriger Fernsehjournalist aus Österreich, ein DDR-Bürgerrechtler, der Bestsellerautor Wladimir Kaminer und Klaus Staeck sprechen über ihr siebzehntes Lebensjahr. Alles hochinteressante Menschen mit spannenden Lebensläufen. Nur dem aber, was Staeck zu berichten hat, kann ich etwas abgewinnen. Dabei war dessen Jugend in der einstigen DDR-Industriestadt Bitterfeld als Kind »typischer Kleinbürger« weder besonders aufregend noch ungewöhnlich. Seine offensichtliche Lust am Erinnern aber und die Einzelheiten, die er – wie es nur ein Künstler kann – in Bildern präsentiert, faszinieren. Spätestens, als Staeck einen wendehalsigen Ex-Nazi-Lehrer als »ondulierten Dagobert« beschreibt, bin ich sicher, dass er auch seine Kinderliebe nicht vergessen hat. Ich folge dieser nicht ganz logischen Eingebung, suche nach einer Telefonnummer, rufe gleich an und bitte um ein Interview.

»Nein, nein, bitte nicht, kein Interview«, sagt Staeck, »ich habe soo viel zu tun, jetzt mit diesem neuen Job. Es tut mir leid, ich habe wirklich keine Zeit«. – »Ich möchte Sie um ein ganz besonderes Interview bitten«, insistiere ich. »Sie sind mir in einer Talkshow durch Ihr ungewöhnlich scharfes Langzeitgedächtnis aufgefallen. Deshalb wollte ich fragen, ob Sie sich an Ihre erste Liebe oder Leidenschaft vor dem dreizehnten Lebensjahr erinnern können.« Es folgt ein kurzes Schweigen. Dann hat mein Gesprächspartner auf einmal Zeit, ändert den Ton und beginnt von Jutta zu sprechen, von Jutta, die er als Zehnjähriger liebte. Eine romantische Episode aus Bitterfeld, dem Ort, den er in seiner künstlerischen Autobiografie als »dreckigste Stadt Europas« bezeichnet und dem er »wenig Raum für Idylle« bescheinigt. Ohne Pause und mit großem Engagement erzählt der Siebzigjährige mindestens eine Viertelstunde lang von seiner Kinderliebe, wie wenn er schon lange auf jemanden gewartet hätte, der sich dafür interessiert. Er präsentiert seine Geschichte dramaturgisch gut aufgebaut, mit einem Einstieg, einem Höhepunkt und einem Ende. Wieder besticht die stark visuelle Erzählweise bis hin zu Farben, an die er sich genau erinnern kann.

Als er fertig ist, unterhalten wir uns über das Erinnern. Ob es gut sei, ein solches Gedächtnis zu haben, fragt er als einer, der sich der peinlichen Vergangenheit so manches Zeitgenossen öffentlich erinnert hat. Manchmal denke er, vergesslichere Menschen hätten es leichter im Leben. Ich erwähne mein Buchprojekt und frage, ob er mir die Jutta-Geschichte noch einmal auf Tonband sprechen würde, wenn sich ein Verlag gefunden hätte. Staeck sagt zu und wünscht mir Glück bei der Suche. Für den Fall, dass es nicht klappen sollte, bedankt er sich schon mal für das »schöne Gespräch«.

Beim Versuch, mir den Klaus Staeck der Siebziger- und Achtzigerjahre in Erinnerung zu rufen, lässt mein eigenes Gedächtnis erst einmal zu wünschen übrig. Staeck, der berühmte politische Plakatkünstler. Stammte von ihm nicht das Poster mit dem Portrait der verhärmten Dürer-Mutter? »Würden Sie dieser Frau ein Zimmer vermieten?« stand darauf. Das muss 1972 gewesen sein, überlege ich, denn in diesem Jahr war ich nach längerer erfolgloser Wohnungssuche in ein besetztes Haus gezogen. Im Frankfurt der Nach-68er-Zeit konnte man als »bewegt« wirkender Student kaum eine Mansarde mieten, geschweige denn Räume für eine Wohngemeinschaft. Das Plakat also, das die ärmliche Mutter des größten deutschen Malers mit hungrigen Augen und lumpigem Kopftuch als Wohnungssuchende zeigt, bestätigte mich und meine Sponti-Genossen beim Häuserbesetzen.

Weiterer Plakate kann ich mich erst beim Wiedersehen dank Googles schneller Hilfe entsinnen. Da ist das mit dem als Metzger verkleideten Franz Josef Strauß. Die Bildzeitungsparole »Entmannt alle Wüstlinge« steht darüber, und auf der Brust des Politikers »Wählt christlich«. Dann das schwarz-weiße Pinochet-Plakat, das den Diktator in Uniform und Sonnenbrille zeigt, mit der roten Aufschrift »Die Demokratie muss gelegentlich in Blut gebadet werden«. Solche Agitprop-Kunstwerke waren bei fast allen Linken der BRD gern gesehen. Außerdem war es bekannt, dass der autoritätsverachtende Staeck von seinen Gegnern gnadenlos verfolgt wurde, bis hin zum Bildersturm auf eine seiner Ausstellungen durch angetrunkene CDU-Politiker. Noch einmal freue ich mich beim Recherchieren an der Mona Lisa im Rollstuhl mit ihrer Botschaft »Niemand ist vollkommen«. Oder an dem Antikriegsplakat »Alle reden vom Frieden. Wir nicht«, das fünf Rheinmetallmanager mit dicken Panzerabwehrgranaten in den Händen zeigt. Wie Boten aus der Zeit meiner Jugend wirken die stilistisch von John Heartfield beeinflussten Plakate, je mehr ich davon wiedererkenne. Wehmütig blicke ich auch auf ein Foto, das Staeck mit Joseph Beuys und dem Schweizer Graffiti-Sprayer Harald Naegeli zeigt. Die etablierten Künstler hatten ihren jüngeren, in die Schweiz abgeschobenen Kollegen bis an die Grenze begleitet.

Zum Interview treffe ich den Präsidenten der Akademie der Künste am Pariser Platz in Berlin. Da sitzt er am Ende eines Arbeitstages im schönen Chef-Büro des Akademie-Gebäudes, einem kleinen Glashaus im großen Stahl-und-Glasbau. Staeck reicht mir die in einer Klarsichthülle verpackte Kopie eines vergilbten Fotos mit gezacktem Rand aus dem Jahr 1948, das er schon am Telefon erwähnt und genau beschrieben hatte.

Es zeigt ihn und Jutta hinter einem Zwillingskorbwagen, in dem seine fünfjährigen Brüder sitzen. Jutta, etwas jünger und kleiner als er, die er als »ausgesprochen hübsches blondes Mädchen« beschreibt, hat die Haare über den Ohren zu kleinen Nestern aufgesteckt. Zu Riemchenschuhen und weißen Söckchen trägt sie einen kurzen Mantel, der rot gewesen sein muss, »wie ein Glockenrock abstand« und ein Stück ihrer dünnen Beinchen sehen lässt. Eine zierliche Mädchenschönheit. Nur der Gesichtsausdruck passt nicht. Ernst und besorgt blickt Jutta in die Kamera, die Lenkstange des Korbwagens fest umfassend, wie wenn sie Verantwortung demonstrieren wollte. Staeck, der sich im Rückblick als »schönen, blonden, stolzen Jungen« beschreibt, steht sehr aufrecht, wie ein Soldat fast, hinter seinen Brüdern. Auch er wirkt wenig kindlich. Wie heute ist er schlank, sein Haar sorgfältig gescheitelt. Auch eine geknöpfte Weste trägt er über dem Hemd, ganz ähnlich wie die seines eleganten Dreiteilers, mit dem er gleich bei einer wichtigen Veranstaltung erscheinen muss. Die Zwillinge im Wagen mit ihren Köpfen in Hüfthöhe rechts und links neben dem großen Bruder geben ihm eine Art Rahmen, der seine zehnjährige Würde unterstreicht. Ganz anders als er blinzeln sie leicht verstört in die Kamera. Der Doppel-Korbwagen ist zu klein für seine Insassen. Die Räder sind verbogen, und offensichtlich hat er keinen Boden, denn die Füße der ihm Entwachsenen gucken darunter hervor.

Mit Büschen und Bäumen im Hintergrund und der kindlichen Vierergruppe genau in der Mitte des Bildes hat da jemand ein Foto von perfekter Komposition geschossen. Oder sollte der spätere Grafiker es selber gestellt haben? Wie Vater und Mutter stünden er und Jutta da, meint er dazu: »Eine Familienidylle seltsamster Art.« Eine Mischung aus Idylle und Groteske, würde ich sagen, den Riss verratend, der jede scheinbar heile Welt durchzieht. Hatten diese Bitterfelder Kinder nicht gerade erst Naziregime und Krieg hinter sich gelassen? Ist Staecks blonde Knaben-Männlichkeit nicht ebenso Fassade wie der kaputte Kinderwagen?

Jutta wohnte schräg gegenüber dem Staeck'schen Haus. Ihr Vater war »ein Zierfischhändler«. Oft sah Klaus aus dem Fenster, um die Momente abzupassen, wenn sie das Haus verließ. Auch er ging dann auf die Straße, um sich mit ihr zu unterhalten, meist über Fische. Dann nahm Jutta ihn mit in den väterlichen Laden und erklärte ihm die verschiedenen Fischsorten. »Eitel Sonnenschein« sei das für ihn gewesen, kommentiert Staeck, auf die Sprache vergangener Jahrzehnte zurückgreifend. Und das, obwohl er, anders als die meisten Freunde, kein Aquarium besaß, sondern sich mit einer Bowlenterrine begnügen musste. Darin schwammen Guppys, die sich »permanent vermehrten«. Da ich nie ein Aquarium hatte, muss ich nachschauen, um von der sexuellen Unersättlichkeit dieser Fische zu erfahren. Auch ein paar kleine Goldfische gab es im Glas, erinnert sich Staeck.

Klaus Staeck mit Kinderfreundin Jutta und seinen Brüdern Rolf und Rainer

»Krönung« seiner Zucht aber waren die farbenprächtigen Skalare, etwas schwieriger zu haltende Fische.

Zu den Fischgesprächen als Momenten des Glücks kam der Schulweg, den Jutta und Klaus manchmal gemeinsam zurücklegten. Dann durfte er ihre Tasche tragen, eine Gefälligkeit, die er als »größte Auszeichnung« empfand.

Für die Gnade der wirklich großen Gefühle aber musste Klaus sich erst bewähren. Eine Chance bot sich bei Juttas Kindergeburtstag. Da war ein Streit entstanden, im Zuge dessen sie von einem der Gäste beleidigt wurde. Klaus war ein dünner, schmächtiger Junge, der von den Stärkeren viel einstecken musste. Trotzdem – das war seine Stunde, und die galt es um jeden Preis zu nutzen. Er mischte sich ein, verteidigte Jutta, prügelte sich mit dem Provokateur und ging mit einer blutenden Nase aus dem Kampf hervor. Ganz zu seiner Zufriedenheit, denn jetzt konnte jeder sehen, was er »geleistet« hatte. Ein violettes Hemd, das er zur Feier des Tages trug, sorgte dazu noch für einen ganz besonderen Effekt: Das Blut, das Klaus für seine Liebe vergoss, »machte sich darauf besonders dunkel und geheimnisvoll«. Reichlich belohnt wurde die mutige Tat denn auch, als Jutta und all ihre Freundinnen den verwundeten »Helden« trösteten.

»Das war der schönste Nasenfaustschlag, den ich je bekommen habe«, meint Staeck sechzig Jahre später. Im ganzen Leben hat er sich nur zweimal geprügelt, das erste Mal für Jutta. »Im siebten Himmel schwebte ich dann«, formuliert er, noch einmal mit einer Redewendung von damals. »Ich hatte etwas für sie getan, und die Liebe war unendlich.« Ich frage, von welcher Art seine Leidenschaft denn gewesen sei, wie er Jutta begehrt habe. »Mit Sexualität hatte das gewiss nichts zu tun«, antwortet der Romantiker von einst. Wohl aber mit »Zerfließen«, »Träumen« und »Schwärmen«. Stundenlang habe er auf ein Wiedersehen mit Jutta warten können. »So dass ich heute«, fügt er nachdenklich hinzu, »bei meiner Zeitnot nur noch erstaunt bin, mich daran zu erinnern.«

Nachtrag

Im Frühjar 2015 endete Klaus Staecks Amtszeit als Präsident der Akademie der Künste.

Mit sechs Jahren, noch bevor ich zur Schule ging, war ich ein Säufer. Mit einer Kinderbande streunte ich in den Straßen herum, bettelte die Passanten um Geld an und suchte nach Saloons. Jeden Tag liefen wir weiter von zu Hause weg.

Richard Wright

Ein kleiner krimineller Junge

Erinnert von: Stefanie Steiner*, Dokumentarfilmerin

Deine Eltern sind geschieden, deine Eltern sind geschieden ...«, rufen die Kinder in hämischem Singsang. Sie treiben ein zierliches Mädchen vor sich her, fast ein Kleinkind noch mit einem viel zu großen Schulranzen. Mit Stöcken bewaffnet hatten sich die Erstklässler hinter einem Briefkasten versteckt, um ihrem Opfer aufzulauern, das jetzt wie um sein Leben rennt. Stefanie ist das einzige Scheidungskind in einer dörflichen Kleinstadt im Rheinland. Da endlich erscheint die Oma der Verfolgten an der Straßenecke, und der Spuk hat vorerst ein Ende. Das war 1970.

Fünfunddreißig Jahre später sitze ich mit der Fernseh-Regisseurin Stefanie Steiner am Esstisch der Fünf-Zimmer-Wohnung in Berlin-Charlottenburg, die sie mit ihrer Freundin teilt. Zu ihren Füßen Anton, ein riesiger, schwarz-weißer Hund mit lockigem Fell, Hängeohren und feuchten braunen Augen. Manchmal knurrt er mich leise an. Seine Herrin ist eine knabenhaft schlanke Frau in elegantem Jeans- und Pullover-Look. Ihr mädchenhaftes Gebaren, ihre unkomplizierte Art, auf Menschen zuzugehen, und ihr erfrischend rheinländischer Humor machen es leicht, die Filmerin zu mögen. Steiner ist für ihre ebenso populären wie sensiblen Fernsehportraits bekannt. Zahlreiche prominente Zeitgenossen vertrauten ihrem psychologischen Gespür und ließen sich auf emotionale Nähe ein.

Stefanie war erst fünf, wollte aber unbedingt schon in die Schule. Mehrere etwas ältere Nachbarskinder, mit denen sie auf der Straße spielte, wurden gerade eingeschult. Als einziges Kind einer berufstätigen Mutter wäre sie ohne diese Freunde mit der Oma allein zu Hause gewesen und hätte sich gelangweilt. Mutter und Erziehungsbürokraten sahen das ein und erfüllten ihren Wunsch. Kaum in der Schule, gewann Stefanie noch mehr Freunde und spielte sogar Fußball mit den Jungen. Weil sie kleiner als die anderen war, wurde sie aber auch zum Ziel aller erdenklicher Kindergemeinheiten. Einmal steckten die Mitschüler sie vor dem Unterricht in einen Mülleimer, aus dem sie, winzig wie sie war, nicht mehr herauskam. Ein andermal musste der Lehrer sie aus einem Schrank befreien. Und die Beschimpfungen wegen der Scheidung ihrer Eltern wollten kein Ende nehmen.

Immer aber, wenn es die Kinder ganz schlimm trieben, kam ein Junge namens Frank. Der baute sich vor Stefanie auf und warf wütende Blicke um sich, so dass keiner es mehr wagte, sie anzufassen oder auch nur etwas Beleidigendes zu sagen. Der Retter war das schwarze Schaf der Klasse, ein von allen gefürchteter kleiner Macho. Er prügelte sich so oft und mit wem er nur konnte, log und betrog, stahl in Kaufhäusern und knackte Automaten. Ein Messer trug er gar und stieß oft düstere Drohungen aus. Mit einer Brille über den kleinen verschmitzten Augen, einem hässlichen Ponyhaarschnitt und grünlichgelben Hemden zu ebensolchen Hosen gehörte

Stefanies Freund zu den Unattraktiveren in der Klasse. Dafür aber hatte er eine ganz besondere Ausstrahlung, etwas »Trotziges, Eigenständiges, aber auch Gefährdetes«, wie die Regisseurin es rückblickend beschreibt. Eine düstere Energie ging von ihm aus, die sie faszinierte.

Frank und Stefanie, der Böseste und die Kleinste, schrieben einander Briefchen zärtlichen Inhalts. Nach der Schule trafen sie sich, spielten im Wald, planschten im Bach und bauten Schaukeln. Am schönsten aber war es in den »Baumbuden«, die Frank geschickt zu fabrizieren wusste. »Ich glaube, ich war in ihn verliebt«, sagt Stefanie Steiner trotz sichtbar gemischter Gefühle und spricht von einem Zusammengehörigkeitsgefühl, das viele Jahre währte. Auf einem Foto aus der vierten Klasse sieht man sie zusammen. Er in der ersten Reihe vor den anderen hockend, sie etwas hinter ihm, den Kopf in seine Richtung neigend, ganz deutlich ein Paar. Die Mitschülerinnen sehen größer und fraulicher aus, so dass sich die Frage nach Konkurrentinnen aufdrängt. Nein, sagt Steiner, die entwickelteren Mädchen ließen ihn kalt, Frank mochte nur sie, die Kindlichste. Seine treue Zuneigung aber war oft schwer zu ertragen. Er beschützte seine Freundin nicht nur, sondern ärgerte, piesackte, schubste, boxte und schlug sie auch. Ein »ultrabrutaler kleiner Kerl«. Stefanie versuchte sich zu wehren, klagte bei der Mutter, die von Frank abriet, hielt aber an ihm fest und nahm die Misshandlungen in Kauf. Als Einzige in der Klasse hatte sie keine Angst vor dem gefährlichen Sonderling.

Vor dem Interview, sagt meine Gesprächspartnerin, fragte sie ihre Mutter nach der Beziehung zu Frank. »Der hat dich wenigstens geliebt«, war die Antwort. Zunächst schockiert, überlegt sie jetzt, ob die Mutter nicht recht hat. Geliebt habe er sie bestimmt, auf seine Art allerdings, zerstörerisch und gewalttätig, wie er eben war. Nachdenklich streichelt Stefanie Steiner ihren Hund, der mir noch immer misstrauische Blicke zuwirft, und ich frage, ob sie den zu ihrem Schutz angeschafft habe. Nein, überhaupt nicht, sie wusste nicht einmal, wie groß Anton werden würde. Winzig war er, als sie ihm während eines Urlaubs in den italienischen Alpen zum ersten Mal begegnete, zusammen mit seinen fünf Geschwistern. Die drängten sich um einem Futternapf und fraßen, so viel und schnell sie konnten. Nur der Kleinste bekam fast nichts, weggeschubst und weggebissen von den Stärkeren. »Da war's um mich geschehen«, sagt die Regisseurin und erzählt, wie sie Anton auf der Stelle adoptierte.

Irgendwann wollte Frank nicht mehr mit Stefanie im Wald spielen. Er war Anführer einer Kinderbande geworden und hatte seither Wichtigeres zu tun. Zusammen mit ein paar ihm ergebenen Jungen nutzte er die schönen Freilufthäuser jetzt als Verstecke für das Geld aus aufgebrochenen Kaugummiautomaten und die Beute kleiner Einbrüche und Diebestouren. Die Automatengehäuse und andere Beweisstücke ihrer Untaten vergruben die bösen Buben im Waldboden. Dass Mädchen bei diesen gefährlichen Unternehmungen nicht dabei sein durften, verstand sich von selbst. Kurz entschlossen gründete Stefanie eine Mädchenbande. Wenn Frank mit seinen Jungen anderweitig beschäftigt war, ging sie mit ihren Mädchen in den Wald, um die ihnen aufs Strengste verbotenen Baumbuden zu inspizieren. Wenn das langweilig wurde, spielten sie Indianer oder stellten – inszeniert von der Bandenchefin – die Abenteuer des Huckleberry Finn nach. Die anderen Mädchen aber wollten auch mit ihren Barbiepuppen spielen, sie an- und ausziehen, sie auf kleine Laufstege stellen und ihre Erfolge als Fotomodelle oder Filmsternchen feiern. Stefanie fand das langweilig, ebenso wie das Spiel »Vater, Mutter, Kind«, schon deshalb, weil ihr dafür der Erfahrungshintergrund fehlte. »Ich kannte ja nur Oma, Mutter, Kind«, sagt sie lachend, eine Frau, die nie bereut hat, keine Familie gegründet zu haben.

Schon immer war sie eine Außenseiterin, und schon früh wollte sie die kleine Stadt am Rhein verlassen. Nach der zehnten Klasse hätte sie das getan, wenn da nicht eine Lehrerin gewesen wäre, die ihre intellektuellen und ästhetischen Talente erkannte und zu Schulabschluss und Studium riet. Als Erste in ihrer Familie trug sich Stefanie Steiner seither mit Plänen, die über eine gesicherte Kleinbürger-Existenz hinausgingen. Nach dem Abitur begann sie ihr neues Leben mit einer Südamerikareise, »todesmutig« und mit nur »2000 Mark in der Tasche«. Sie sah Bolivien, Argentinien, Paraguay und Brasilien. Nächste Station war Berlin, wo die Provinzflüchtige Germanistik und Publizistik studierte, selbst finanziert mittels zunächst unqualifizierter Jobs. Sie wohnte in Neukölln ohne Bad mit Außenklo, im Stadtbad ging sie duschen. Ein Umzug nach Köln und zeitweise nach Hamburg führte zu besseren und bald auch interessanten Einnahmequellen beim Fernsehen. Mit kaum mehr als zwanzig Jahren drehte Steiner eigene Nachrichten- und Dokumentar-Beiträge. Erster Höhepunkt ihrer Karriere war die Mitarbeit bei der Sendung *Liebe Sünde* von Matthias Frings. Als »aufklärerisch« beschreibt sie diese Arbeit im Nachhinein. »Es ging nicht um Pornografie, sondern um Sexualität, über die offen gesprochen wurde, alles, was man macht.« Selbst damals noch »recht unbedarft und unschuldig«, aber umso neugieriger, lieferte sie Reportagen über Huren, Zuhälter, Transvestiten oder Transsexuelle. Unglaublich viel habe sie in dieser Zeit über Sexualität gelernt, auch über die eigene, lässt sie mich wissen.

Zu ihrem sechsten Geburtstag bekam Stefanie einen kleinen Arztkoffer, mit einem Spielzeug-Stethoskop, Spritzen und Kanülen, kleinen Mullbinden und Salbendöschen. Sie war sehr glücklich darüber und überlegte, wie das Geschenk zu nutzen sei. Beim Onkel Doktor, so ihr Kalkül, muss man sich ausziehen. Mit einem Arztkoffer ausgerüstet, könnte sie also Doktorspiele mit anderen Kindern anregen und dabei zu Gesicht bekommen, was sie, ein Mädchen ohne Vater und Brüder, noch nie gesehen hatte. »Mal gucken«, sagte sie sich und wartete auf eine Gelegenheit. An einem Sonntag, als die Mutter zu Hause beim Kochen war und Stefanie vor dem Mittagessen noch draußen spielen durfte, nahm sie den Arztkoffer und verließ das Haus. Obwohl sie am liebsten Jeans und T-Shirts trug, hatte ihr die Mutter ein Kleid mit weitem Röckchen, eine weiße Strumpfhose und Schuhe mit kleinen Schleifen angezogen. So ging sie zum nahe gelegenen Bach und zog erst einmal die unbequeme Strumpfhose aus. Dann patschte sie im Wasser herum und formte Klumpen aus dem lehmigen Schlamm, so dass das schöne Kleid bald nur noch wenig sonntäglich aussah. Ein Nachbarsjunge kam dazu, genau das, worauf Stefanie gehofft hatte. Schlammbespritzt, wie sie war, zeigte sie ihm den Arztkoffer und fragte, ob er mit ihr Onkel Doktor spielen wolle. Als er einwilligte, kam sie schnell zur Sache. »Wenn du mal deine Hose runterziehst und mir deinen Pimmel zeigst, dann zeig ich dir auch, was ich hab«, so das Angebot. Der Junge war einverstanden, schlug aber vor, einen etwas verschwiegeneren Ort zu wählen. Eine kleine Tannenschonung, die ein Mietshaus ihrer Siedlung begrünte, schien dafür geeignet. Etwas umständlich stieg der Junge aus Hose und Unterhose. Stefanie, die – ihrer Strumpfhose schon entledigt – nur noch den Schlüpfer ausziehen musste, war schneller. Dann standen sie sich aufgeregt gegenüber und betrachteten, was es zu sehen gab. Stefanie fasste mal kurz an den ersten Pimmel, der ihr unter die Augen kam, der Junge, der auch gern bei ihr hingegriffen hätte, durfte nicht.

Beide aber waren mit der Abwicklung des Handels zufrieden, und alles hätte gut sein können, wären sie nicht von Nachbarn beobachtet worden. Ein empörtes Ehepaar klingelte bei Stefanies Mutter, baute sich vor der Türschwelle auf und berichtete fassungslos, was es mit ansehen musste. So ein Kind gehöre ins Heim, meinten die um den guten Ruf ihrer Wohngegend bangenden Kleinstädter. Die Mutter ließ sich einschüchtern und drohte ihrer neugierigen Tochter mit dem Erziehungsheim. Schaudernd dachte Stefanie an ein Mädchen aus der Siedlung, das etwas ganz Schlimmes getan hatte und dafür »ins Heim« gekommen war. Genaueres erfuhr sie nie über dieses Verbrechen, wusste aber, dass es etwas Sexuelles war, viel schlimmer wahrscheinlich als ihr Blick auf den Schwanz des Jungen von nebenan. Stefanie erkannte ihre Mutter nicht wieder. War sie doch frei erzogen und schon ganz früh sexuell aufgeklärt worden. Mutter und Tochter hatten zusammen in der Badewanne gesessen, Nacktheit war nie ein Tabu. »Ich wollte doch nur mal gucken«, sagt sie, wie wenn sie die Drohung mit dem Heim bis heute nicht begreifen könne. Ihr Doktorspiel hat sie als etwas »vollständig Unsexuelles« in Erinnerung. Nichts anderem als der »anatomischen Neugierde« habe es gedient.

Als Stefanie elf war und ihre Freunde schon zwölf oder dreizehn, begannen die Teenager, Partys zu feiern, Blues zu tanzen und Zungenküsse auszutauschen. Stefanies beste Freundin, schon mit Busen und Schamhaaren gesegnet, war mit Guido, dem besten Freund von Frank, zusammen. Das pubertierende Paar traf sich heimlich, und sie praktizierten erstes Petting. Die Freundin erzählte Stefanie alles ganz genau, aber sie, noch völlig busenlos und kindlich, verstand nicht immer. »Was hat er gemacht, unter deinen Pullover gefasst«, fragte sie und wusste nicht, was das sollte. Auch wie das Küssen funktioniert, begriff sie nicht. Was die da mit den Zungen machten und was schön daran sein sollte, war ihr ein Rätsel. Ausprobieren aber wollte sie es dennoch, mit Frank, das stand fest. Noch immer fühlte sie sich eng mit ihm verbunden. Beim Flaschendrehen schließlich war es so weit. Frank drehte die Flasche, und der Hals zeigte auf sie. Das hieß, dass sie sich küssen mussten. Ob er das jetzt »richtig bei ihr machen solle«, fragte er vorsichtig, und sie sagte: »Ja, mach mal«. Frank drückte seine Lippen auf ihre, schob seine Zunge zwischen ihre Zähne und ließ sie rotieren. Stefanie hatte das Gefühl, ein glitschiges Tier im Mund zu haben, und ekelte sich so sehr, dass ihr alle Neugierde verging. Sie rannte nach Hause und sagte weinend: »Iih, die machen das so mit der Zunge.« Die Mutter beruhigte und tröstete. »Bist ja viel zu klein, das musst du noch nicht machen.«

Trotz des abstoßenden Erlebnisses wollte Stefanie bei den Vergnügungen der Älteren mithalten und Mut beweisen. Während die anderen sich zum Petting auf Dachböden oder in Scheunen verstecken mussten, hatte sie dank der Berufstätigkeit ihrer Mutter eine tagsüber unbewachte Wohnung anzubieten. Sie lud also ihre Freundin Renate, deren Freund Guido und Frank zu einer Knutschparty ein. Die Gäste kamen, und man schritt unverzüglich zur Tat. Renate und Guido machten es sich auf dem Wohnzimmersofa zum Petting bequem, sie mit Frank auf der Küchenbank zum Küssen. Diesmal blieb sie tapfer, versuchte zu lernen und – noch immer wenig erfolgreich – zu genießen, bis die Sitzung ein jähes Ende fand. Während einer Knutschpause blickte Stefanie über Franks Schulter durch das Küchenfenster nach draußen und sah das Auto ihrer Mutter nahen, die früher als erwartet von der Arbeit kam. Die anderen hatten sich schnell hergerichtet. Stefanie aber leuchtete mit rot geschwollenem Gesicht vom vielen, ungewohnten Küssen. Verzweifelt riss sie die Tiefkühltruhe auf, steckte den Kopf hinein, um sich abzukühlen. – Nichts passierte, keine Drohung mit dem Heim, großzügig übersah die Mutter, was offensichtlich war. Frank aber wollte nach der halb gelungenen Unterrichtsstunde weiter mit Stefanie »üben«. Bald werde auch sie es schön finden, versprach er. Sie war einverstanden, aber als er ihr hochprozentigen Apfelkorn anbot, um dem Genuss nachzuhelfen, lehnte sie ab.

Mit zwölf brach Frank Autos auf und beging mittelschwere Einbrüche. Die Verstecke für das Diebesgut waren jetzt nicht mehr die romantischen Baumhäuser, sondern unbewachte Räume in alten Fabriken, wo er mit seinen Kumpanen Haschisch und andere Drogen hortete, dealte und konsumierte. Ganz früh war er vorbestraft, mit vierzehn fing er an, sich Heroin zu spritzen. Stefanie fand das jetzt nicht mehr aufregend, sondern deprimierend. Schweren Herzens trennte sie sich von ihrer Kinderliebe, dem trotzigen Schulverbrecher, der sie, die schutzbedürftige Vaterlose, zu seiner Gefährtin erkoren hatte.

Die Jungen, mit denen Stefanie danach Zungenküsse austauschte, verkörperten das ganze Gegenteil von Frank. Sie waren sanft, sahen sehr gut aus und waren eher erfolgreich als destruktiv. Morgens im Bus, mit dem sie zur Schule fuhr, musterte sie die Jungen mit dem prüfenden Blick einer Ästhetin. Abends bei den Partys nämlich wollte sie nur die Schönsten an sich drücken und küssen. Die aber musste sie alle haben, aus einer Art Sammlerleidenschaft heraus. Einmal war es schwierig, der Junge war scheu, kam nicht zu Partys. Um auch den zu kriegen, ließ die Ehrgeizige ihre Kontakte spielen. Eine Freundin war mit dem engsten Freund des Angepeilten bekannt. Unter dem Vorwand, Hausaufgaben zu machen, traf man sich in der Wohnung des Mädchens. Stefanie verwickelte den attraktiven Teenager in ein Gespräch, und es gelang ihr, ihn in eine Garage zu locken. Als sie ihn dort in die Kunst des Zungenküssens einweihen wollte, die sie inzwischen recht gut beherrschte, fand er keinerlei Gefallen daran. »Da bin ich gescheitert«, gesteht sie. Erst ein paar Jahre später hätte sie ihn haben können. Da war der Kostverächter aber schon ein »langweiliger Typ« geworden, Inhaber einer Tankstelle.

Auch der erste »richtige Freund« in Stefanies Leben sah blendend aus. Zudem war er Schulsprecher und kam aus einer reichen Familie. Seine Eltern, Besitzer einer Drogeriekette, sahen es nicht gern, dass der Sohn mit einem Mädchen aus bescheidenen Verhältnissen ging. Karl aber war fest entschlossen, Stefanie zu heiraten. »Der hat mich total geliebt und hat alles für mich getan«, sagt die Filmemacherin nicht ohne Stolz auf das Mädchen, das sie einmal war. Da war sie fünfzehn, hatte dicke, blonde Haare bis zur Taille und trug adrette Lacoste-Hemden, Pullunder und Karottenhosen. Ganz wie die Popper, jene Teenager-Yuppies der Endsiebzigerjahre, die für Stil, Konsum und politische Enthaltsamkeit standen. Nie aber hätte Stefanie die Gattin eines kleinstädtischen Großdrogisten sein wollen, etwas, wofür andere Mädchen ihres Umkreises viel gegeben hätten. Sie dagegen träumte vom aufregenden Leben in Weltstädten und Reisen in ferne Länder. Ein paar neue Freundinnen mit Hippie-Ambitionen schienen in diese Richtung zu weisen. Stefanie ließ Karl fallen, trug Schlabberhemden, kiffte und ging auf Friedensdemos. Nicht viel später ließ sie sich die schönen Haare abschneiden, färbte sie rot, hörte die Sex Pistols oder The Residents und wurde Punk.

Was aber war mit Frank, dem Kinderfreund? Hatte er einen Wiedergänger im späteren Leben der Filmemacherin, die heute Frauen liebt? Gab es nach dem Abitur noch Männerbeziehungen? In Berlin, Köln und Hamburg, erfahre ich, interessierte sich Stefanie Steiner weder für Liebe noch für Sex. Das anstrengende Leben zwischen Studium und Fernsehlaufbahn ließ keine Zeit dafür. Erst mit vierundzwanzig schlief sie zum ersten Mal mit einem Mann. Es war ein Hörfunkmoderator, der wie ihre Gespielen aus der Schulzeit sehr gut aussah, sie ansonsten aber wenig interessierte. Der nächste Lover war ein schöner Sportfotograf aus steinreichem Elternhaus, der übernächste ein Regisseur mit ähnlichen Eigenschaften. Keine Spur von Frank. Ein wenig Hoffnung schöpfe ich, als die Filmerin von der Affäre mit einem Kameramann aus Österreich erzählt, der ihr mit mutigen Stunts imponierte. Von einem Hubschrauber ließ er sich abseilen, um an einen im Gebirge versteckten Drehort zu gelangen. »So'n richtiger Bursche, so'n breiter Kerl, den fand ich ganz toll.« Der Kerl war verheiratet. Als es aus war, weinte Stefanie zum ersten und einzigen Mal um einen Mann. Erfreut über meine psychologische Pointe, frage ich, ob dieser Kraftprotz sie nicht an Frank erinnert habe. Nein, sagt sie und überzeugt mich sofort. Der sei ganz anders gewesen, nichts von der »kriminellen Energie« und der schillernden Persönlichkeit des Kinderfreundes.

Frank war einmalig im Leben der Stefanie Steiner, so wie sie wahrscheinlich auch in seinem. Das Scheidungskind und der Jungverbrecher. Zwei Außenseiter und Nonkonformisten, voller Vitalität und einer Energie, die sich unterschiedlichste Wege bahnte. Der einen gelang schon früh nicht nur ein imponierender Klassenaufstieg, sondern auch eine Karriere auf dem Gebiet ihrer Träume. Der andere ließ alle Chancen des Lebens ungenutzt, um sich dafür mit ganzer Kraft selbst zu zerstören. Auch das in sehr jungen Jahren.

Schon mit fünfzehn war Frank ein hoffnungsloser Heroin-Fixer. Aufenthalte in Entzugsanstalten und Jugendgefängnissen wechselten einander ab. Elend und abgemagert sah er bald aus. Aber keiner konnte ihm helfen, nicht Lehrer, Eltern noch Sozialarbeiter oder Drogenpsychologen. Er schien es nicht anders zu wollen. Dabei kam er nicht etwa aus asozialem Milieu. Nein, »kein Prolljunge«, betont Steiner. Der Vater war Buchhändler, die Mutter Blumenbinderin, eine sympathische Frau, die sich zu Tode grämte. »Aber es war, als ob irgendwas in ihm drinsteckte, dass es schon klar war, dass er kein langes Leben haben würde, dass er auf die schiefe Bahn geraten und da nicht mehr rauskommen würde.« Als er Anfang zwanzig war, fand man ihn am Eingang eines Krankenhauses auf dem Bürgersteig. Tot, gestorben an einer Überdosis. Andere Junkies hatten Frank dort abgelegt. ❖

* Alle Namen geändert

Das moralisch gefährdete Kind, der keuchende Besessene: Sie warnen uns vor gefährlichen Strömungen, sie zeigen uns die Macht der bösen Triebe. Lolita sollte uns alle dazu veranlassen, sich mit noch größerer Wachsamkeit und Hellsicht der Aufgabe zu widmen, eine bessere Generation in einer weniger unsicheren Welt großzuziehen.

Dr. phil John Ray jr.
alias Vladimir Nabokov

Ein wunderbarer Mensch

Erinnert von: Judith Malina, Theatergründerin

Judith Malina bittet mich, laut und deutlich zu sprechen. Am Telefon höre sie sehr schlecht. Die große alte Dame des avantgardistischen und gegenkulturellen Theaters, Gründerin des legendären *Living Theatre* in New York, ist einundachtzig Jahre alt. Ich bemühe mich, so klar und vernehmbar wie möglich zu sprechen, fürchtend, dass sie nur die Hälfte mitbekommt. Sie versteht aber schneller und besser als manch einer, den ich auf mein Projekt angesprochen habe. Ja, sagt sie, ohne viel Zeit zu verlieren, sie habe solche Erinnerungen. Gern würde sie eine Geschichte mit mir teilen, die sie mit Ausnahme ihrer Psychoanalytiker noch niemandem erzählt habe.

Bevor ich sie zur Enthüllung des Geheimnisses treffe, schaue ich mir das Stück an, mit dem die Schauspielerin und Regisseurin ihr Theater, das längere Zeit keine Räume hatte, neu eröffnete. *The Brig* (*Der Karzer*), 1963 vom *Living Theatre* uraufgeführt und in fast gleicher Form neu inszeniert, erregte Aufsehen bis in die Spalten der *New York Times* hinein. Die dramatisierten Erinnerungen eines amerikanischen Ex-Soldaten, der während der Fünfzigerjahre ein amerikanisches Militärgefängnis überlebte, demonstrieren, wie man Menschen bricht. Zwölf junge Männer werden von sechs Gefängniswärtern bis zum Umfallen exerziert, angebrüllt, gedemütigt und gequält. Nach einem auf zwei Stunden reduzierten Gefängnistag fällt der Vorhang. Die jungen Männer – weiße, braune und schwarze – verbeugen sich zusammen mit dem Produzenten, dem Spielleiter und der Regieassistentin. Als sie das zweite Mal auf die Bühne kommen, ist die Regisseurin dabei, eine kleine, fragile Frau mit vom Alter gerundetem Rücken. Ganz in Schwarz mit langen schwarzen Haaren, leuchtenden schwarzen Augen und glänzendem Silberschmuck, eine bohemische Erscheinung. Judith Malina lacht bübisch und huscht wie ein Kobold über die Rampe.

Die bescheiden ausgebauten Kellerräume des neuen *Living Theatre* in der Clinton Street finden sich an der schon stark gentrifizierten Lower East Side von New York. Die ärmlichen Latinos, die hier noch vor Kurzem die Szene beherrschten, sind jetzt in der Minderheit. Dafür hat jedes zweite Haus eine schicke Bar oder ein teures Restaurant. Judith Malina und ihr Mann leben in dem pseudoluxuriös renovierten Altbau über dem Theater. Judith empfängt mich im Wohnzimmer, von dem aus man ein geteertes Dach begehen kann. Der Ausblick ist wenig reizvoll, und mehrere Airconditioner erzeugen ein unangenehmes Rauschen. Sie aber deutet auf ein paar bescheidene Topfpflanzen und murmelt etwas von einem Garten: »Aber erst mache ich das Theater, dann den Garten«, fügt sie hinzu.

Als ich die Theatergründerin vor ein paar Jahren zum ersten Mal sah, bewohnte sie mit einem Teil ihrer Truppe eine großbürgerliche Altbauwohnung mit Terrasse an der Upper West Side, die ihr gehörte. Um das neue Theater zu finanzieren, hat Malina mit dieser schönen Immobilie ihre ganze finanzielle Sicherheit verkauft. »I am so proud of the theatre«, sagt sie strahlend. Auf einem Korbstuhl an einem kleinen Schreibtisch sitzt sie mir gegenüber. Diesmal trägt sie ein afrikanisches Gewand in Braun und Schwarz. Aus den schönen, schmalen Händen wachsen lange, goldgelb schimmernde Fingernägel. Ob sie Deutsch oder Englisch sprechen solle, fragt mich die Schauspielerin. Ich überlasse ihr die Wahl. Sie spreche gern Deutsch, überlegt sie, gibt aber zu bedenken, dass sie die Wörter, die wir für unser Thema brauchen, wahrscheinlich nur auf Englisch weiß.

Die Tochter eines deutschen Rabbiners wurde 1926 in Kiel geboren. Zwei Jahre später emigrierte die Familie nach New York. Der Vater gab eine Zeitung heraus, die vor den Gefahren des deutschen Faschismus warnte. Seit 1936 sprachen die Malinas nur noch Englisch, weil Deutsch zur Sprache der Mörder geworden war. Judith war damals zehn. Was für ein Kind sie war, will ich wissen. »Ich war ein widerspenstiges Kind, sehr böse«, bekennt sie stolz. »Ich war respektlos und lernte weniger, als ich sollte.« Einmal warf sie aus Ärger über eine Lehrerin ein Tintenfass an die Tafel. Der Vater, der deshalb in die Schule zitiert wurde, machte einen Scherz daraus und fragte, ob das Tintenfass wohl dem Teufel gegolten habe. Judith nahm das ernst und fühlte sich wie Martin Luther, der Rebell.

Mit zwölf sah das böse Kind den Film *Nurse Edith Cavell*. Das war die Geschichte jener heroischen Krankenschwester aus dem Ersten Weltkrieg, die deutsche und englische Soldaten gleich behandelte und dafür von den Deutschen hingerichtet wurde. Die letzten Worte Cavells, »Vaterlandsliebe ist nicht genug; keinem sollte man Hass und Bitterkeit

Judith Malina mit den Eltern

entgegenbringen«, ließen die kleine Judith zur gravierendsten Erkenntnis ihres Lebens kommen. Sie lief zum Vater und rief: »Papa, das Wichtigste ist, dass wir die Deutschen nicht hassen.« Von diesem Tag an, der sie zur Pazifistin werden ließ, konstatiert Malina, hatte sie ein Problem. Die früh erworbene Überzeugung, dass man niemanden hassen noch töten solle, brandmarkte sie für immer und brachte ihr unzählige Feinde ein. In zwölf verschiedenen Ländern, so ihr stolzes Résumé, wurde sie als Friedensdemonstrantin verhaftet und ins Gefängnis gebracht.

Zehn Jahre nach ihrem kindlichen Aha-Erlebnis studierte Malina als junge Schauspielerin bei Erwin Piscator, dem Vater des politischen Theaters. Unter seinem Einfluss befasste sie sich mit den verschiedenen Gesellschaftsentwürfen vom Monarchismus bis zum Marxismus-Leninismus. Einzig der gewaltfreie Anarchismus aber konnte die geborene Autoritätsverächterin überzeugen – die Lehre von einer Gesellschaft ohne Hierarchien, Herrschaft, Militär, Polizei, Gefängnissen und Vergeltungsstrafen.

Um zum Thema zu kommen, lenke ich das Gespräch auf Liebe und Romantik. Seit jeher sei sie Romantikerin, erklärt mein Gegenüber, ohne zu zögern. »Ich glaube an die große Liebe. Ich glaube an die Größe der Beziehung zwischen Mann und Frau oder Mann und Mann oder drei Menschen. Ich setze keine Grenze, aber ich glaube an die große Liebe und Erfüllung.« Noch immer rückt sie nicht mit der versprochenen Geschichte heraus, um mich stattdessen über die zwei großen Lieben ihres Lebens aufzuklären. Der Maler und Dichter Julian Beck, mit dem Judith Malina im Jahre 1947 das *Living Theatre* gründete, war bisexuell. Obwohl verheiratet, lebten sie – ähnlich wie Sartre und Beauvoir – eine offene Beziehung. Beck hatte Affären, meist mit Männern, und auch sie gönnte sich viele Liebhaber. Sie seien immer glücklich gewesen, versichert die Anarchistin.

Judith Malina und Julian Beck, Gründer des *Living Theatre*

Drei Jahre nach Becks Tod im Jahre 1985 heiratete sie den dreißig Jahre jüngeren Schauspieler und Regisseur Hanon Reznikov. Er ist so alt wie ihr Sohn, sie so alt wie seine Mutter. Etwas doppelmoralisch kommt es mir vor, dass diese Beziehung nicht dem Prinzip der Freien Liebe folgt. Das wäre nicht gerecht, erklärt sie, er habe ungleich mehr Chancen als sie. Hanon kommt und bringt uns Kaffee. Er muss Anfang fünfzig sein, trägt lange Haare und einen Vollbart. Wenn er mit Judith spricht, beugt er sich liebevoll zu ihrem schwachen Ohr hinunter, denn er ist fast doppelt so groß wie sie.

Als er gegangen ist, erzählt sie mir, worüber sie lange geschwiegen haben muss. »Sehr früh schon hatte ich eine erotische Beziehung, bevor ich all die Wörter wusste und was sie bedeuteten«, beginnt sie und gibt dem Mann, um den es sich handelt, einen falschen Namen. »Onkel Sam Cohn« soll er heißen. Sie muss zwischen acht und zehn, Sam Cohn um die vierzig gewesen sein. Er war kein Onkel, sondern ein enger Freund des Vaters, dem ihre Eltern zu großem Dank verpflichtet waren. Alles tat er für die Familie, betont sie, war immer hilfsbereit und liebevoll. Ihr brachte er Geschenke und hütete sie als Babysitter. Der klassische Fall des Kinderschänders aus dem engsten Familienkreis also? Der skrupellose Pädophile, der sich ein Kind mit Geschenken gefügig macht, der ein kleines Mädchen zu seiner Geliebten heranzieht, um seine unheilbringenden Bedürfnisse an ihm zu befriedigen? Nichts anderes fällt mir zunächst dabei ein.

Die Zurückblickende selbst aber sieht es anders: »Und auch wenn Pädophilie einen so furchtbaren Ruf hat – er war ein wunderbarer Mensch und hatte einen sehr guten Einfluss auf mein Leben. Er zeigte mir viel Schönes und machte mich neugierig auf Sexualität.« Nichts Kriminelles tat er, fährt sie fort, spielte nur mit ihrem Körper wie sie mit seinem. »Und ich meine auch die Geschlechtsteile«, sagt sie betont deutlich. Was sie dabei empfand, frage ich und komme mir inquisitorisch vor. Ganz offen spricht Malina von einer schönen Erfahrung, einem großen Vergnügen und von einer der größten Sensationen ihrer Kindheit. Obwohl sie wusste, dass das, was sie taten, verboten war, freute sie sich darauf, mit Sam Cohn allein zu sein, um das »schöne Geheimnis« zu teilen und zu leben.

Wie der Onkel aussah und ob er jemandem glich, den sie später im Leben getroffen habe, frage ich, wie ich die anderen auch gefragt habe. »Annehmbar« sah er aus, erinnert sie sich, nicht attraktiv. Er erschien ihr als ein ziemlich alter Mann, wahrscheinlich, weil er älter als ihr Vater war. Weder ein Vorbild noch ein Prototyp sei er für sie geworden. Und nie wieder sei sie jemandem begegnet wie ihm. Welchen Einfluss diese Erfahrung auf ihr Leben gehabt habe, forsche ich – noch immer etwas fassungslos – weiter, obwohl sie das eigentlich schon gesagt hat. Sie könne sich nicht vorstellen, dass die Beziehung zu Sam Cohn ihr geschadet habe, erwidert Malina schlicht. Es habe einfach Spaß gemacht, sei »unschuldig« gewesen. »Vielleicht hat es mir später sexuelle Hemmungen erspart und mich zu der Überzeugung gebracht, dass Offenheit und Freiheit in der Sexualität nicht nur möglich, sondern auch erstrebenswert sind.«

Sie beginnt mich zu überzeugen, und ich höre gespannt, was sie über Pädophilie und sexuelles Verbrechen denkt: Dass Kinder missbraucht, misshandelt und ausgenutzt werden, ist schrecklich. Überall aber, wo das geschieht, soll nicht Strafe verhängt, sondern Hilfe geleistet werden. Als konsequente Anarchistin und Erbin des Ideals von der Freien Liebe glaubt Malina, das Sexualverbrechen wurzele in der gesellschaftlichen Unterdrückung von Sexualität. Die harten Gesetze und Strafen für Pädophilie beispielsweise führen demnach zu mehr statt weniger Sexualstraftaten. Auch dass Sexualität zwischen Kindern und Erwachsenen nicht grundsätzlich vom Bösen ist, gehört zu diesem Credo. Es sind, wie Malina es formuliert, »unsere verdrehten Vorstellungen von Sexualität«, die eine Befürwortung solcher Beziehungen problematisch machen. Die Liebe aber, fährt sie fort, soll frei sein, frei von sämtlichen Moralgesetzen, die Handlungen für böse erklären, die es nicht sind. Kinder sollen, was ihnen entwicklungsgemäß gegeben ist, in Sexspielen ausleben. Junge Menschen sollen so viel Sex wie möglich haben. Dann aber, wenn sie ihre Liebe gefunden haben, soll es ihnen freistehen, mit diesem einen Menschen zu leben oder mit ihm und anderen, frei bei der Wahl zwischen den verschiedensten Beziehungsmodellen. Leider, schließt sie ihr Statement, leben wir nicht in einer solchen Welt, sondern in einer von Strafe, falscher Moral und fragwürdigsten Wertvorstellungen.

Wie die meisten intellektuellen US-Amerikaner kann Judith Malina auf mehrere Psychoanalysen zurückblicken. Obwohl sie ihre Beziehung mit Onkel Sam Cohn erwähnte, schien es die Shrinks, wie sie in New York heißen, nicht zu interessieren. »Weil«, zitiert die einstige Analysandin, »ja nichts passiert ist, das heißt ich nicht gefickt wurde«. Ich soll das nicht schreiben, rät sie mir lachend, es sei verboten. – Tatsächlich darf das »F-word« in vielen US-Zeitungen noch immer nicht ausgeschrieben werden und muss in den meisten Fernsehprogrammen durch einen Piepton ersetzt werden. »Fuck« sei sowieso nicht ihr Lieblingswort, stellt sie klar, weil es als Schimpfwort seine ursprünglich sexuelle Bedeutung kompromittiert.

Wie aber ging es mit Malinas Liebesleben nach dem Onkel weiter? Mit elf verguckte sich die Tochter des Rabbiners in Tommy, den Sohn des Arztes, einen »sehr attraktiven« Jungen. Sie vertrieben sich die Zeit mit »unschuldigen Sex-Spielen«, gingen aber nie besonders weit. Nach Tommy kamen andere Jungen und junge Männer. Malina hatte kürzere und längere Affären, bis sie siebzehnjährig

Julian Beck, ihre große Liebe, traf. Als kongeniales Künstlerpaar begannen sie mit der Arbeit an ihrem gemeinsamen Lebenswerk. Politisches und Privates waren seither nicht mehr zu trennen. Ebenso wenig wie die politische und sexuelle Revolution im Credo des *Living Theatre.*

Während der Fünfzigerjahre spielten sie Gertrude Stein, Jean Cocteau, T.S. Eliot, García Lorca und Bert Brecht, seit den Sechzigern auch aktuelle politische Stücke. Nach *The Brig* wurden Malina und Beck verhaftet und mussten das Theater schließen. Die Truppe wich nach Europa aus, politisierte sich weiter, entwickelte eigene Stücke und inszenierte Straßentheater. 1968 wurde die Kollektivproduktion *Paradise Now* zum bis heute größten Erfolg des *Living Theatre.* Mit diesem utopischen Plädoyer für freies Leben, freie Liebe und freie Körper kehrte die Truppe in die USA zurück. Ich hatte ein Foto davon gesehen, auf dem man die Crew in Badehosen und – im Vergleich zu heute – merkwürdig großen Bikinis auf der Bühne liegen sieht. In *Paradise Now,* erklärt mir Malina jetzt, entkleideten sich die Schauspieler, so weit es damals im Puritanerland erlaubt war. Die Zuschauer folgten ihrem Beispiel, um zum Schluss alle zusammen nackt oder halbnackt auf die Straße zu gehen, wo sie meist sofort verhaftet wurden. Mit dem jeweils verantwortlichen Polizisten spielte dann jeder den letzten Akt des Stückes. Ich verspreche, mein Buch über Anarchismus vorbeizubringen, und Malina verspricht, es zu lesen. »Ich will mit dir befreundet sein«, sagt sie zum Abschied und lädt mich zu einer Probe von *Maudie and Jane* ein, einem Zweifrauenstück nach Doris Lessing.

Maudie ist alt, arm, krank und verwahrlost, aber mit Charme, Witz und Weisheit begabt. Jane ist jung, schön und erfolgreich, aber frustriert. Malina spielt die vitale Greisin, die Altersheim, Tabletten und Sozialarbeiter ablehnt, fast grausam realistisch. Sie artikuliert schleppend,

Malina auf der Bühne, 1983

hustet röchelnd und schlurft unästhetisch auf der Bühne herum. Man meint Maudies heruntergekommene Wohnung mit dem vollgekackten Katzenklo zu riechen. Zum ersten Mal wird das Stück heute auf der Bühne geprobt. Ein paar junge Schauspieler sehen zu. In der ersten Reihe der sehr junge Spielleiter und der Regisseur Hanon Reznikov. Die Darstellerinnen verlieren oft den Faden. Wenn es Malina ist, ruft der Spielleiter den Text, so laut er kann, über die Bühne, um die Schwerhörige zu erreichen.

Jane – gespielt von einer großen, attraktiven Blondine – erträgt Maudies Dreck nicht mehr und beginnt die Wohnung zu putzen. Als es danach immer noch stinkt, beschließt sie, auch Maudie zu waschen. Die willigt ein, und plötzlich steht Judith Malina splitternackt auf der Bühne, ein paar Minuten lang, bewegungslos wie eine Statue. Die Zuschauer sind ganz still, und auch mir stockt einen Moment der Atem. Die Theaterveteranin aber spielt die Szene mit so großer Souveränität und Überzeugungskraft, dass ich in ihrem vom Alter gezeichneten Körper sogar eine Art

Schönheit entdecke. Die Szene ist vorbei, und Malina muss sich wieder anziehen. Sie beginnt mit dem schwarzen, spitzenbesetzten Büstenhalter und bekommt ihn nicht gleich zu. Da eilt Hanon Reznikov mit großen Schritten quer über die Bühne, um seiner Frau mit zärtlichen Händen zu helfen. Als ich Malina später sage, wie sehr mir die Entkleidungsszene imponiert hat, erklärt sie, dass eigentlich beide Frauen nackt in eine Badewanne steigen sollten. Die Partnerin aber sei dazu noch nicht bereit gewesen.

Über achtzig Jahre alt, schwerhörig und mit einer Wirbelsäule, die wahrscheinlich Schmerzen bereitet, kommt mir Malina jünger, risikobereiter und sogar lebenstüchtiger vor als die viel Jüngeren, mit denen sie sich umgibt. Sie ist es, die nach Italien fährt, um mit Schauspiel-Workshops Geld für das Theater zu verdienen. Sie opferte ihre Wohnung für künftige Kreativität, in einem Alter, in dem sich andere mit dem Erlös in ein elegantes Stift eingekauft hätten. Sie stellt ihr Wohnzimmer für Versammlungen zur Verfügung, arbeitet, diskutiert, probt und spielt fast jeden Tag bis spät in die Nacht mit dreißig bis fünfzig Jahre jüngeren Kollegen.

Was nur gibt ihr die Kraft dazu? Ich denke, es muss die Verachtung aller Konventionen und ihr unbeirrbarer Glaube an Veränderbarkeit sein. Ob Alter, sozialer Status, Schamgefühl, Sexualmoral, Schönheitsideal, Geschlechterrollen oder die darwinistischen Postulate des Neoliberalismus – hemmungslos setzt sie sich über alles hinweg. Sie, die Pazifistin um jeden Preis, die Nudistin und Verfechterin der Freien Liebe, die Gegnerin von Staatsgewalt, Racheprinzip und Sittengesetzen, sie ist der Schrecken des konservativen Amerika. Eine Hexe für all die Kriegstreiber, Vertreter des Überwachungsstaates, der Todesstrafe und der Brandmarkung von Pädophilen. Für all die scheinheiligen Moralisten, die die schwule Ehe fürchten wie die Sünde, aber ihre Frauen verlassen, wenn sie über fünfzig sind. Wer, der dieses Lager ablehnt und Judith Malina kennt, sollte nicht auf ihrer Seite stehen? Wer schließlich, der von ihrem wunderbaren Leben weiß, sollte ihr nicht auch glauben, dass es mit Onkel Sam Cohn Spaß gemacht hat?

Nachtrag

Nur wenige Monate nach dem Umzug des *Living Theatre* in die Clinton Street und meinem Interview mit Judith Malina starb im Mai 2008 unerwartet Hanon Reznikov mit nur siebenundfünfzig Jahren. Die Theatergründerin überstand auch diesen Schicksalsschlag, inszenierte Reznikovs letztes Stück *Eureka* und führte das Theater zusammen mit den engagiertesten Mitgliedern der Truppe weiter.

Ende Februar 2013 musste das *Living Theatre* seine letzte Heimstätte verlassen. Malina hatte alles getan, um das zu verhindern: Sie hatte Julian Becks Bilder verkauft, die Räume zeitweise an andere Theater untervermietet, von den Eigentümern einen Nachlass erwirkt und zu Spenden aufgerufen. Prominente wie Al Pacino und Yoko Ono hatten sie unterstützt, aber die Miete war nicht mehr aufzubringen.

Ungebrochen zog die Veteranin des linken Theaters in ein Altersheim für Schauspieler in New Jersey. Sie schrieb dort ihr letztes Stück *No Place to Hide*, das von all dem handelt, wovor wir uns verstecken: von unseren Ängsten und persönlichen Problemen, von der Justiz, von sozialer Ungerechtigkeit und Unterdrückung. Das Stück wurde in einem New Yorker Kulturzentrum, auf mehreren Kultur- und Theaterfestivals und in New Yorker Parkanlagen gespielt. Malina war voller Zukunftspläne, als sie im April 2015 mit achtundachtzig Jahren starb.

Als ich sie im Sommer 2011 zum letzten Mal sah, hatte ich ihr erzählt, dass ich mein Manuskript mit den Kindheitserinnerungen nicht veröffentlichen konnte, unter anderem wegen der Geschichte, die sie mir erzählt hatte. »Nur weil ich nicht gesagt habe, dass es mir geschadet hätte«, kommentierte sie mit sardonischem Lächeln. Sie riet mir, nicht aufzugeben, und prophezeite, dass sich schließlich doch noch ein Verlag finden werde.

Die Nachricht von Judith Malinas Tod erreichte mich in Berlin, nur wenige Tage bevor meine Freundin Claudia Steinberg, über die wir uns kannten, sie in New Jersey besucht hätte. In meinem Auftrag wollte die Kollegin Malina den Text über sie vorlesen und ihre Einwilligung zur Veröffentlichung einholen. Ich war sicher, dass ihr die Geschichte gefallen würde. Nach ihrem Tod aber bangte ich um den Text, weil ich zum Abdruck jetzt die Einwilligung des Sohnes der Verstorbenen brauchte, den ich nicht kannte. Er könnte, fürchtete ich, wie so manches Kind sozialer Revolutionäre ein Konservativer sein. Garrick Beck aber erwies sich als ebenso progressiv und unkonventionell wie seine Eltern und gab großzügig sein Einverständnis.

Auf einmal blieb ich regungslos stehen wie vor einer Vision, die nicht nur die Blicke fesselt, sondern auch tiefere Wahrnehmungsschichten und schließlich unser gesamtes Sein in Anspruch nimmt. Ein Mädchen mit rotblondem Haar, das von einem Spaziergang heimzukommen schien und eine Gartenschaufel in der Hand trug, hob ihr mit rosigen Flecken übersätes Gesicht und schaute zu uns herüber.

Marcel Proust

Mädchen im weißen Kleid

Erinnert von: Abdel Belinski*, Maler

Ein Zwölfjähriger mit olivenfarbener Haut und dunkelbraunem krausem Haar. Er steht am Fenster, den Blick wie gebannt auf Nachbars Garten gerichtet. Stundenlang kann er sich nicht losreißen, er steht und schaut und starrt auf den Rasen vor dem Nachbarhaus. Dort im Schatten majestätischer Rotbuchen spielt das Mädchen seiner Träume. Es trägt ein weißes Kleid und ist umwerfend schön. Was mag der Junge wohl träumen oder sich wünschen? Dass er die Verehrte eines Tages heiraten wird, oder einfach nur, dass er mit ihr in ihrem Garten spielen darf? Das war 1974 in einer Kleinstadt der DDR.

Abdel Belinski, der dunkle Junge von damals, hat nie mit dem weiß gekleideten Mädchen in ihrem Garten gespielt. Andere Träume sind stattdessen in Erfüllung gegangen, der von der Kunst vor allem, der er sein Leben gewidmet hat. Oder auch der von New York, dem Ort, an dem alles möglich zu sein scheint, in der Kunst so wie im Leben. 1998 lernte ich Belinski eben dort als Fulbright-Stipendiaten kennen. Obwohl er mir als Berliner Maler vorgestellt wurde, versuchte ich zuerst Englisch mit ihm zu sprechen. Als er mit starkem deutschem Akzent antwortete, fragte ich verwirrt, wo der denn herkomme. »Mein Vater ist aus Nigeria«, sagte er mit einem bitteren Lächeln, »aber ich musste in der DDR aufwachsen.«

Belinski liebte New York, das ungewöhnliche Licht dieser Stadt, ihre Museen, die Gemäldegalerien und vor allem die Menschen unterschiedlichster Hautfarbe. Ein großer Genuss war es für ihn, nicht aufzufallen, sondern auszusehen, als ob er hier geboren sei oder zumindest hier hingehörte wie die vielen anderen Männer mit brauner Haut und krausen Locken. Als er mir die Zeichnungen zeigte, die in der neuen Umgebung entstanden waren, fiel mir das Portrait eines schwarzen Mädchens auf. Nein, kein afroamerikanisches Kind, wie ich vermutete, sondern seine Nichte Seba aus Berlin, von der er oft und zärtlich sprach. Er wollte einen New-York-Besuch für die Zehnjährige arrangieren, um auch ihr die wohltuende Erfahrung zu ermöglichen, die ihm erst mit sechsunddreißig Jahren vergönnt war: einmal nicht das einzige schwarze Kind sein, nicht automatisch angegafft und gehänselt werden, einmal nicht aus dem Rahmen fallen. Es wurde nichts daraus, die Familie konnte das Geld für die Reise Sebas nicht aufbringen.

Stattdessen kam Abdels damaliger Lebensgefährte, der Kunstliebhaber und Kunstsammler Graf Georg von Lüchow zu Besuch. Beim Essen in einem schicken Restaurant traf ich den Millionenerben. Blass, hager und dandyhaft gekleidet, schien er mir zunächst das zu verkörpern, was man sich unter einem dekadenten Adligen vorstellt. Dann aber erwies er sich als kluger und interessanter Gesprächspartner, viel unkonventioneller, als ich erwartet hatte, ein schwarzes Schaf seiner Familie vielleicht? Tatsächlich wirkte Lüchow, wenn er von den Seinen sprach, gespalten, genervt von den in ihn gesetzten Erwartungen möglicherweise, gleichzeitig gefangen im Genuss enormer Privilegien. Ganz ähnlich schien es Abdel zu gehen, mit einer Mischung aus Bewunderung und Kritik der Adelssippe gegenüber. Großzügig bestellte unser Gastgeber teures Essen und guten Wein, goss ungefragt nach, so dass die Gläser immer voller wurden. Später im Taxi, mit dem ich nach Hause, Georg und Abdel in Richtung schwule Szene fuhren, erklang das Lied *Summer Wine*: Lee Hazlewood und Nancy Sinatra im Rausch der späten Sechzigerjahre. »Würden Sie das bitte etwas lauter stellen«, sagte Georg von Lüchow sanft zu dem Fahrer, der seine Anlage daraufhin zu vollem Sound brachte. Jetzt erst merkte ich, dass ich schwer betrunken war.

Jahre später, kurz vor der Trennung des ungleichen Außenseiterpaares, erzählte mir Belinski, dass von Lüchows Eltern unter der Vorstellung litten, ihr Sohn könne ihn heiraten und ihm eines Tages sein Erbe vermachen. Als ich fragte, ob er Georg noch liebe, bekannte Abdel sein generelles Misstrauen in Sachen Liebe. Die scheinbar höchsten der Gefühle, meinte er, haben viel mehr mit den sozialen Verhältnissen der angeblich Liebenden als mit edlen oder gar altruistischen Beweggründen zu tun. Jede romantische Ergriffenheit sei etwas zutiefst Egoistisches. Außerdem stellte sich das, was man »Liebe nennen müsste«, in seinem Leben immer nur dann ein, wenn soziale oder räumliche Entfernung eine Beziehung verunmöglichten. In gelebten Verbindungen meinte er, die Distanz vielleicht sogar »künstlich eingebaut« zu haben, so dass eine Spannung oder ein Konflikt entstand, der das Zusammensein interessanter und erstrebenswerter machte.

Als ich Abdel Belinski nach seiner allerersten Liebe frage, verspricht er nicht weniger als eine Erinnerung wie die von Marcel Prousts Ich-Erzähler an Gilberte Swann, verständlich aber nur auf dem Hintergrund seiner eigenen Familiengeschichte. Wie in *Auf der Suche nach der verlorenen Zeit* also muss ich mich etwas gedulden.

Nach dem Zweiten Weltkrieg kamen Abdels Urgroßmutter Emma Belinski, seine Großmutter Anna Belinski, von Beruf Krankenschwester, und seine Mutter Irene Belinski – damals zwei Jahre alt – als Flüchtlinge aus Ostpreußen und ließen sich in der Kleinstadt nieder. Sie hatten dort Verwandte, die ihnen zwar halfen, aber immer erkennen ließen, dass ihnen die Flüchtlinge »eine Last« waren. Viel schlimmer noch die am Ort Alteingesessenen, die die Zugewanderten verachteten und sie »Polacken« schimpften. Hinzu kam die nicht zu verheimlichende Tatsache, dass Abdels Großmutter und Mutter uneheliche Kinder waren, so dass ihr Stigma ein zweifaches war. Urgroßmutter und Großmutter ihrerseits kultivierten die Sehnsucht nach dem »verlorenen Land« und versuchten ihr »Heimatbedürfnis« in der Pflege von Bräuchen wie dem des Backens ostpreußischer Kuchen zu befriedigen. »Das waren alles Lügen«, sagt Belinski, aber so sei er aufgewachsen »mit der größten Sehnsucht, zu sein, wo man einfach sein kann, und nicht, wo man sich aufgedrängt hat und zur Last fällt.«

Abdels Mutter wurde Krankenschwester wie die Großmutter. Als sie neunzehn Jahre alt war, verstellte ihr eines Nachts auf der Straße ein Betrunkener den Weg, wurde handgreiflich und stieß Drohungen aus. Ein Student aus Nigeria eilte zu Hilfe und vertrieb den Bösewicht. Retter und Gerettete, beide jung und schön, verliebten sich auf den ersten Blick und waren bald ein Paar. Der Afrikaner und die Blondine aus dem Osten, »Polackentochter« und schwarzer Mann, ein gefundenes Fressen für alle Fremdenhasser der kleinen Stadt in der DDR. Eine »romantische Abrechnung« nennt der aus dieser Verbindung Hervorgegangene die rebellische Liebe seiner Mutter sechsundvierzig Jahre später.

»Sie hat den anderen Fremden gefunden«, die »nächstvergleichbare Person« in feindlicher Umgebung.

Romet Al-Khatib besuchte, gefördert von der DDR-Regierung, die Hochschule für Grafik und Buchkunst in Leipzig und lebte in einem Studentenwohnheim. Bald waren zwei Kinder da, Abdel und seine nur wenig jüngere Schwester Mende. Urgroßmutter, Großmutter, Mutter und die zwei Kleinen lebten in einer winzigen Wohnung und hatten seither mit einem dritten Stigma, dem der »Negerhure« und der deutschen »Negerkinder«, zu kämpfen. Als Abdels Eltern heiraten wollten, stellte sich die DDR-Bürokratie quer. Stipendiaten aus der Dritten Welt sollten als Revolutionäre in ihre Länder zurückkehren, nicht etwa in der DDR Familien gründen.

Die Beziehung scheiterte, Abdels Vater ging nach Nigeria zurück, und die Mutter heiratete einen Klempner, der bei der Wasserwirtschaft angestellt war. Sein Stiefvater, meint Belinski, müsse seine Mutter und auch ihn und die Schwester sehr gemocht haben. Wie hätte er sonst den Mut aufbringen können, eine Frau mit zwei unehelichen schwarzen Kindern zu heiraten und mit ihnen in der DDR-Provinz zu leben. Auch dieser »Held« aber, fügt er hinzu, war nicht ganz konsequent. Die Hochzeit wurde außerhalb gefeiert, um des Klempners Familie fernzuhalten. Und später fand Abdel Fotos, die Mutter und Stiefvater mit seinem fünf Jahre jüngeren weißen Bruder ohne die schwarzen Geschwister zeigen, als ganz normale DDR-Familie. »Die Weißen in unserer Familie haben immer unter den Schwarzen gelitten.«

Als Abdel acht war, zog die siebenköpfige Patchwork-Familie in ein großes verwahrlostes Haus in einem verwilderten Garten mit alten, ungestutzten Bäumen. Der Kalk fiel von den Wänden, das Dach war undicht, und die rostigen Eisentüren waren schwer zu bewegen. In einer verfallenen Garage aber fanden die Kinder Werkzeuge für

Autos aus den Zwanzigerjahren. Im Keller und auf dem Dachboden entdeckten sie alte Möbel und Skulpturen, eine Marmoruhr und andere nie gesehene Gegenstände, ideal für Spiele verschiedenster Art. Einmal baute der Stiefvater einen Schneemann, setzte ihm einen auf dem Dachboden gefundenen Stahlhelm aus dem Ersten Weltkrieg auf, fügte echte Epauletten und Militärknöpfe hinzu. Das schönste Erlebnis seiner Kindheit, sagt Abdel, obwohl der Schneesoldat schon am nächsten Morgen nackt dastand, alle Accessoires gestohlen. Im Parterre des abenteuerlichen Hauses wohnte eine alte Dame, der die ungewöhnliche Familie ein Dorn im Auge war. »Wir waren Kinder und laut, und wir waren auch noch«, hier senkt Belinski die Stimme und lächelt zynisch, »schwarz, halbschwarz«. Die sich belästigt Fühlende behauptete, die Kinder würden in ihre Speisekammer kacken. Zum Beweis tat sie das selber und legte eine Spur über die Butter zum Fenster bis in den Hausflur, mehr zur Belustigung als zur Beunruhigung der Beschuldigten.

Obwohl ich dem Bericht über diese ausgefallene Kindheit noch lange zuhören könnte, frage ich jetzt nach der versprochenen Liebesgeschichte. Hinter dem Haus, fährt Abdel fort, konnte man den Fluss, an dem die Stadt gelegen ist, sehen und die Berge, die sie umgeben. Eine »romantische Freiheit«, in die er schon als Zehnjähriger gern entfloh, um Träumen nachzuhängen. Vielleicht dem von einer Zukunft als Arzt, seinem damaligen Wunschberuf. Vor dem Haus lag die Kleinstadt mit ihren engstirnigen Bewohnern. Neben der Wohnstätte der Außenseiter-Familie schließlich gab es ein gut instand gehaltenes, herrschaftliches Haus. Dessen Garten wurde von Gärtnern bestellt, und eine hohe Mauer schützte das Anwesen vor Eindringlingen. In der Villa lebte eine Arztfamilie. Der Vater war ein »hoch angesehener« Chirurg und Oberarzt im Kreiskrankenhaus, die Mutter arbeitete in einer Praxis als Arzthelferin.

Von einem Fenster des eigenen Hauses aus beobachtete und bewunderte Abdel unter den Bäumen des wohlgepflegten Nachbargartens die wohlbehüteten Töchter der Arztfamilie, zwei »Mädchen in weißen Kleidern«. Liebreizende Gestalten, die »friedlichste Spiele spielten«. Manchmal sangen sie oder übten Blockflöte. Das attraktivere der Mädchen hieß Alexandra, hatte lange schwarze Locken und zarte weiße Haut, eine Erscheinung wie Schneewittchen. Ob ihm die Mädchen nicht eingesperrt und gefesselt vorkamen, frage ich, mit der Mauer um den Garten und den leicht zu verschmutzenden Kleidern. Ob er und seine Geschwister es im eigenen wilden, ungeschützten Garten, dem geheimnisvollen Haus und auf der Straße nicht viel schöner hatten als Alexandra und ihre Schwester im goldenen Käfig. Nein, sagt er, Alexandras Umgebung schien ihm damals ein Paradies zu sein.

Auch in der Schule konnte Abdel die höhere Tochter von Weitem sehen. Sie war Klassenbeste seiner Parallelklasse, und alles an ihr kam ihm perfekt vor. Nie aber wagte er es, das Wort an sie zu richten. »Es war das Unerreichbare«, sagt er, als ich frage, was ihn am meisten an ihr faszinierte. Alle Umstände verunmöglichten eine Beziehung zwischen Abdel und Alexandra in der Gegenwart wie in der Zukunft. Die Frauen aus seiner Familie waren Krankenschwestern mit unehelichen Kindern und wurden Polacken oder Schlimmeres genannt. Sein leiblicher Vater war ein Fremder, der in der DDR nicht einmal heiraten durfte. Sein Stiefvater riss die Straße auf, um Wasserrohre zu flicken, und er selbst wusste schon mit sieben, dass er homosexuell war. Ganz anders stand es um Alexandra. Ihr Vater gehörte zu jenen Göttern in Weiß, zu denen alle kleinen Leute aufblicken. Ihre Familie war, wie eine anständige Kleinfamilie sein sollte. Eltern und Kinder wohnten in einer Villa und genossen alle Privilegien, die man im »sozialistischen« Deutschland haben konnte.

Ob er nicht bestimmte Fantasien auf Alexandra projiziert habe, will ich wissen, genährt von dem bei Jungen so beliebten Rettermotiv vielleicht. Nein, meint er, »dann hätte sie mich ja retten müssen, mich heraufheben auf ihr Ross.« Seine Fantasien, überlegt er, waren nicht erotisch, sondern bezogen sich auf den sozialen Unterschied zwischen ihm und Alexandra. Er stellte sich vor, wie schön es sein müsse, »wohlbehütet und rundum geliebt« zu sein. Wahrscheinlich habe er sich an ihrer Stelle gesehen. »Neid« müsse man das damit verbundene Gefühl wohl nennen. Ob er mit irgendjemandem über seine Sehnsucht gesprochen habe. Nein, sagt er, weil diese zu offensichtlich »selbstsüchtig« war. Ob er denn, wenn er schon wusste, dass er schwul war, dem eigenen Geschlecht gegenüber Gefühle hatte. Nein, nur körperliche Reaktionen auf Männer und Männlichkeit hatte er, keine Liebesgefühle, wahrscheinlich weil er so etwas zwischen anderen Jungen und Männern nicht beobachten konnte. Wusste Alexandra von seiner Verehrung? Natürlich, nichts anderes dürfte sie von ihm erwartet haben. Von allen bewundert werden, das war sie doch gewöhnt.

Später, als Abdel und Alexandra das Gymnasium im Nachbarort besuchten, waren beide Klassenbeste, sie dazu noch Stufenbeste. Manchmal traute er sich jetzt, zusammen mit ihr zum Zug zu laufen, aber nicht jeden Tag, weil sie ihm noch immer viel »zu gut« vorkam. Trotzdem bröckelte seine Illusion bei den Gesprächen auf dem Schulweg. Je mehr sich die Distanz zu Alexandra verringerte, desto uninteressanter wurde sie. Gleichzeitig begann er mit zunehmender Reife die Hierarchien, denen seine Mutter im Krankenhaus ausgesetzt war, kritisch zu sehen. Das soziale Gefälle zwischen Ärzten und Krankenschwestern empörte ihn. Was dem »Zauber« um die scheinbar Unerreichbare einen weiteren Stoß versetzte, war eine Erfahrung mit Krankheit und ärztlicher Hilfe am eigenen Leib. Immer wieder litt Abdel unter Bauchkrämpfen, der Blinddarm musste raus. Da seine Mutter ein gutes Verhältnis zu den Nachbarn hatte, erklärte sich Alexandras Vater bereit, ihren Sohn persönlich zu operieren. Vielleicht war etwas schiefgegangen, die Prozedur jedenfalls war komplizierter als erwartet. Abdel hatte danach große Schmerzen und fürchtete um sein Leben. Er gab dem Oberarzt die Schuld und verlor die Achtung vor dem Vater seiner Liebe. »Die Wahrheit oder das wahre Leben« traten zwischen ihn und Alexandra, resümiert er und beschreibt das Ende seines Traums. »Die Häuser verfielen. Die sind weggezogen, in ein noch schöneres Haus. Das Haus eines Afrika-Fotografen, der am Nil umgekommen ist. Den haben die beerbt.«

Wie immer kommt alles anders im Leben, als wir einmal dachten, so unerbittlich die Kindheit auch ihr Recht auf die aus ihr Entlassenen fordern mag. Abdel Belinski wurde nicht Arzt wie Alexandras, sondern Künstler wie sein eigener Vater. Er besuchte die Kunsthochschule im damaligen Ostberlin. Dort exponierte er sich als Kritiker am Sozialistischen Realismus und den entsprechenden Lehrmethoden, so hartnäckig, dass er relegiert wurde. Später nahm ihn die HdK auf, deren Diplom er mit der Auszeichnung »Meisterschüler« erwarb. Belinski malt großflächig abstrakte Bilder in leuchtenden Farben, Zeugnisse von ungewöhnlichem Talent, avantgardistischem Mut und großer Fertigkeit. Die stereotype Frage vieler Betrachter, ob er von afrikanischer Kunst beeinflusst sei, muss er immer wieder verneinen.

Abdels Schwester Mende wurde Medizinisch-technische Assistentin. Sie liebte einen afrikanischen Studenten und bekam ein Kind von ihm, Seba, schwärzer noch als sie und der Bruder. Die Beziehung hielt nicht lange. Mendes Freund verließ Deutschland, und man hörte nie wieder etwas von ihm. Die Verlassene schloss sich einer fundamentalistischen Sekte an und brach mit ihrer Familie. Der Bruder dazu: »Ich habe mich in die Kunst gerettet, und sie in den Glauben.«

Was aber ist mit Alexandra? Sie wurde Ärztin wie ihr Vater. Vor ein paar Jahren sah Abdel sie bei einem Klassentreffen. »Nicht mehr so hübsch« wie damals, berichtet er scheinbar unbeteiligt, kommt dann aber auf etwas zu sprechen, das ihn beschäftigt haben muss. »Ganz furchtbar leidend« sei sie heute. So ernst klingt er dabei, dass ich Krebs, multiple Sklerose oder einen Gehirntumor vermute. Nein, nein, sie ist gesund, leidet aber unter dem, den sie geheiratet hat, einem Mann, der sein Medizinstudium aufgab, um Künstler zu werden. Mit wenig materiellem Erfolg offensichtlich, denn, so der einstige Verehrer und heutige Künstler mit einer Mischung aus Erstaunen und Empörung in der Stimme: »Sie ist die Arbeiterin, sie verdient das Geld.« ❖

* Alle Namen geändert

Unsere alte traditionelle Gesellschaft hatte vom Kind nur schwach entwickelte Vorstellungen. Die Dauer der Kindheit war auf das zarteste Kindesalter beschränkt, d.h. auf die Periode, wo das kleine Wesen nicht ohne fremde Hilfe auskommen kann; das Kind wurde also, kaum daß es sich physisch zurechtfinden konnte, übergangslos zu den Erwachsenen gezählt, es teilte ihre Arbeit und ihre Spiele.

Philippe Ariès

Aurelia sitzt im Heu

Erinnert von: Ferdinand Bruner*, Psychoanalytiker

Eine Hochzeit im Mai 1950: Braut und Bräutigam verlassen die gotische Pfarrkirche gleich an der Stadtmauer von Moosberg im Süden Österreichs. Gefolgt von Familien und Freunden, beginnt das Paar seinen Gang durch die engen Gassen der mittelalterlichen Stadt. Bis zum Gasthof wird man laufen, damit alle Mann und Frau gesehen haben, bevor das Fest beginnt. Eine strahlende Braut in Weiß, das Kleid modern im Petticoat-Stil mit einer Andeutung von Schleier nur am Hinterkopf. Auch der Bräutigam trägt nicht etwa den sonst üblichen braunen Folklore-Anzug mit grünen Stulpen und Krempen, sondern einen sachlichen schwarzen mit weißem Tüchlein in der Brusttasche. Vor ihnen, da, wo sonst Mädchen mit Kränzen im Haar Blumen streuen, geht ein zweites Paar. Noch einmal

Braut und Bräutigam, viel kleiner nur, wie eine Spielzeugversion der gerade Verheirateten. Kaum vier Jahre alt sind Ferdinand und Aurelia. Blond der Junge mit blauen Augen, Gesicht und Gestalt noch kleinkindhaft rundlich wie bei Cupido, dem Verführergott. Man hat ihm einen Steireranzug aus grauem Loden mit grünen Aufschlägen und Lampassen angezogen. Das Mädchen ist etwas größer und dunkeläugig, eine fast klassische Schönheit schon. Nase und Augen bilden einen strengen Winkel über dem weichen Kindermund. Unter ihrem Miniatur-Brautschleier fallen zwei dicke schwarze Zöpfe auf das weiße Spitzenkleidchen. Die beiden tapsen ungeschickt und wirken wenig feierlich, aber ihr Glück scheint das des erwachsenen Paares zu übertreffen. – Noch bis in die Siebzigerjahre hielt sich in dieser Gegend der archaische Hochzeitsbrauch.

Ferdinand Bruner, Kinderbräutigam von damals, ist heute Psychoanalytiker. Er lebt in Wien. Ein lebhafter Mann mit noch immer strahlenden blauen Augen und lockigem Haar. Unkonventionell für einen Akademiker ist er, und direkter im Umgang als ein typischer Psychotherapeut. Ich kannte ihn durch unseren gemeinsamen Freund Mario Fuchs, den legendären Psychoanalytiker, der 2009 mit 92 Jahren starb. Kaum zwei Monate nach dessen Beerdigung in Zürich treffe ich Bruner in New York. Ich erzähle von meinen letzten Besuchen bei Fuchs und erwähne die Kinderliebesgeschichten, die ich dem Erblindeten vorlas. Als ich vom großen Vergnügen des alten Freudianers vor allem an den erotischen unter den Berichten meiner Protagonisten spreche, bietet mir Bruner die Erinnerungen seiner eigenen Kindheit zum Aufschreiben an.

Aurelia und er, beginnt er zu erzählen, gehörten schon zusammen, bevor man sie zum Kinderbrautpaar wählte. »Es war alles vorbestimmt«, meint er, durch ihre fast gleichzeitige Geburt. Aurelias und Ferdinands Mütter, Nachbarinnen und beste Freundinnen, gebaren im Abstand von nur zwei Tagen im Monat März. Im »Gebärhaus« legte man die Säuglinge nebeneinander, so wie man es mit Zwillingen getan hätte. Später fuhren die Mütter ihre Kinder gemeinsam im Korbwagen spazieren, ließen sie zusammen spielen, sobald sie das konnten, und förderten ihre Freundschaft. Wer weiß, ob sie nicht tatsächlich geheiratet hätten, wenn Ferdinand in Moosberg geblieben wäre wie Aurelia. »Zwei Unzertrennliche« steht unter einem Foto, das die beiden als Zweieinhalbjährige zeigt. Ein herzerwärmendes Kinderbild, das Klischee der unschuldigen Kleinen aus dem 19. Jahrhundert fast, wie lieb sie da zusammen in der Sonne stehen.

Aurelias Familie gehörte zu den bessergestellten am Ort, und das schöne Mädchen trug immer etwas schönere Kleider als andere Kinder. Der Vater war Tischler und betrieb zusammen mit seiner Frau ein elegantes Möbelgeschäft. Ferdinand entstammte einer bäuerlichen Großfamilie. Mit Vater, Mutter, zwei Schwestern und einem Bruder lebte er am Fuße des Hügels, auf dem die imposante Burgruine von Moosberg steht, in einem riesigen, schindelgedeckten Haus. Das mittelalterliche Gebäude, dessen dicke Steinmauern von mächtigen Holzbalken getragen wurden, barg Ställe, Speicher und Heuböden eines Bauernbetriebs, auf dem seine Mutter und unzählige Familienangehörige arbeiteten. Ferdinands Großvater hatte den Gebäudekomplex von der ortsansässigen »Herrschaft« gekauft, Nachfolgern der einstigen Burgherren, der Ritter von Wannheim. Am besten zum Wohnen geeignet war der erste Stock mit dem ehemaligen Gefängnis, das noch am Ende des 18. Jahrhunderts zu trauriger Berühmtheit gelangte. Hier hatte man das Opfer eines Justizirrtums eingesperrt, Max Frantscheck, einen Bergbauernsohn, dem man vorwarf, eine Dame aus besseren Kreisen vergewaltigt und ermordet zu haben. Er gestand unter Folter, wurde mit dem Richtschwert getötet und sein abgeschlagener Kopf zur Schau gestellt. Nach dem

Zweiten Weltkrieg, als Ferdinands Vater sich auf dem Anwesen des Großvaters niederlassen durfte, entfernte er die dicken Ringe zum Anketten der Gefangenen und richtete zwei Räume des früheren Kerkers für seine Familie ein.

Ferdinands Kindheit allerdings hatte weniger Gefängnischarakter als die so manchen in Wohnung oder Garten eingesperrten Stadtkindes. Das weitläufige Haus, in dem man sich leicht verirren konnte, regte zu Entdeckungsreisen an und bot unendlich viele Spielmöglichkeiten. Auf dem Hof des Großvaters gab es Kühe, Schweine und Pferde und auch eine Schusterwerkstatt, in der Gesellen und Lehrlinge arbeiteten. Die Kinder wurden wenig beaufsichtigt, mussten dafür aber schon früh bei der Arbeit helfen. Wenn man das Heu einfuhr und in der Tenne stapelte zum Beispiel. Da setzte man die Allerkleinsten ein, weil nur sie ihre Körper noch in jeden Winkel pressen konnten, eine staubige, unangenehme Aufgabe. Besser war da schon das Hüten der Kühe. Man musste sie vom Stall auf die Gemeindewiese treiben und aufpassen, dass sie dort blieben, statt die Wiesen von Privatbesitzern abzufressen, mit denen es sonst Ärger gab. Das Hüten war Ferdinands Lieblingsjob, schon deshalb, weil er Aurelia mitnehmen konnte.

Der Einzige, der nicht in der Landwirtschaft arbeitete, war Ferdinands Vater. Herr Bruner hatte eine Anstellung im Büro des Maschinenfabrikanten Albert Satz, eines der Lieblingsingenieure der Nazis – Wehrwirtschaftsbeauftragter, Vorsitzender der Panzerkommission und Nutznießer von Zwangsarbeitern und KZ-Häftlingen. Satz hatte sein Konstruktionsbüro am Ende des Kriegs von München nach Moosberg verlegt. Gut getarnt und sicher vor Bombenangriffen, entwickelte er hier statt wie einst Panzer nun Bagger und Baukräne. – Der »Professor«, wie man den promovierten Staringenieur nannte, war ein leutseliger Mensch. Wenn er von seiner Villa zum Werk fuhr, nahm er eigene Arbeiter und andere Fußgänger mit, und auch Ferdinand durfte manchmal mit Herrn Dr. Satz fahren. Dieser, so Bruner, überredete seine Eltern, ihn aufs Gymnasium zu schicken, damit er einmal Ingenieur werden könne.

Bis er laufen konnte, wurde Ferdinand tagsüber von seiner Urgroßmutter betreut. Die Greisin – selbst stark gehbehindert, immer in Schwarz und mit schwarzem Kopftuch – bewohnte im Parterre des großen Hauses die einstige Rauchküche samt den düsteren Selchräumen. »Wir waren ein glückliches Paar«, schreibt Bruner in einer autobiografischen Skizze. »Sie war am Ende ihres Lebens und hielt Hof mit dem Beginn eines Lebens. In unserer Höhle tauschten wir unsere Liebe und unsere Allmacht aus, und wir wären beinahe zur selben Zeit verstorben.« Das war im Winter 1949, als viele Kinder mit einer fiebrigen Grippe im Bett lagen. Der Arzt verschrieb eine viel zu hohe Dosis fiebersenkender Zäpfchen, an denen einige starben. Auch Ferdinand bekam das tödliche Medikament, sein Körper erstarrte, schien abzusterben und verfärbte sich blau. Nur die Urgroßmutter blieb bei ihm und hoffte, während die anderen schon in die Kirche aufbrachen, um für das »Engerl« zu beten, in das sich, wie man glaubte, ein totes Kind direkt verwandeln würde. Sogar das Totenglöckchen soll schon geläutet haben. Wunderbarerweise erholte sich Ferdinand. Als er wieder gesund war, starb die Urgroßmutter. Ein schwerer Schlag für den gerade erst dem Tod Entronnenen.

Das nächste größere Ereignis in Ferdinands Leben war die Hochzeit seiner Tante, mit ihm, dem Bauernbuben, und Aurelia, dem Tischlerstöchterchen als Kinderbrautpaar. Das war der »Lichtblick«, sagt Bruner und beschwört Eros herauf, der – wie er es heute interpretiert – nach dem Sieg über Thanatos seine Kindheit zu umstrahlen begann. Ich frage, was er und Aurelia sich wohl gedacht haben bei der Hochzeit, ob sie sich seither für verheiratet hielten? Er erinnert sich nicht genau, meint aber, sie hätten bestimmt

»mitgekriegt, dass das Ehepaar zum Vollzug der Ehe auch noch andere Aktivitäten entwickelt, als durch die Stadt zu marschieren.«

Ihr eigenes Liebesleben begann in der Scheune, in einem versteckten Winkel der Tenne, der sich leicht fand für Kinder, die da schon hart gearbeitet hatten. Dort verkrochen sich die Kleinkinder, um zunächst das zu treiben, was man bis heute »Doktorspiele« nennt. »Aurelia sitzt im Heu, entblößt sich, und ich schau herum und greif das auch an, ihre Vulva.« Am deutlichsten erinnert sich Bruner an den Geruch, der von ihrem Geschlecht ausging, sobald er es berührte. Sie taten es wieder und wieder, zogen sich aus, betrachteten und befühlten einander. Nie waren andere Kinder dabei, wenn Ferdinand und Aurelia ihrer Neugierde und Lust nachgingen. Stattdessen versuchten sie, es wie die Erwachsenen zu tun, in verschwiegener Zweisamkeit und monogam sogar, ganz wie es sein sollte. So oft sie konnten, schlichen sie sich beiseite, auf den Dachboden zum Beispiel, ein sicheres und bequemes Versteck mit einer alten Rosshaar-Matratze als Lager. Dafür nahmen sie auch den Gestank angetrockneter Hühner- und Taubenscheiße in Kauf, die sich dort seit Jahrhunderten aufschichtete. Auch das Kühehüten bot Gelegenheiten. Wenn sich die Tiere ruhig verhielten, fanden die Hirten immer etwas Zeit, um hinter einem Heuhaufen oder in einem Schuppen ihre Körper zu erforschen und mit ihnen zu experimentieren. An Regentagen, wenn die Kühe im Stall blieben, war es besonders schön. Die Feuchtigkeit »stimulierte die Sinne«, und Ferdinand hatte genug Zeit, im Haus des Großvaters nach neuen, besseren Verstecken fürs Zusammensein mit seiner Geliebten zu suchen.

Als er vier war, musste der Bauernjunge in »die Stadt« umziehen. Albert Satz, der trotz seiner wichtigen Funktion im Hitlerstaat schwanenweiß aus der Nazi-Ära hervorgegangen war, verlegte sein Werk nach München zurück, um dort weiter gute Geschäfte zu machen. Herr Bruner verlor seinen Job und nahm eine Arbeit in Wien an. Dort mietete er eine Etagenwohnung im Haus von Tante Gertraut, Ferdinands Taufpatin, die wegen ihrer den Krieg überdauernden Hitlertreue nur »die Nazitante« hieß. Zu dem Haus gehörte ein Park, in dem die Kinder aber nur dann spielen durften, wenn die Nazitante gerade mal nicht böse auf sie war.

Ferdinand war unglücklich »in der Stadt«. Alles war ihm zu eng und zu übersichtlich. Die Tiere fehlten ihm und das alte Haus mit seinen Verstecken und Geheimnissen. Er sehnte sich nach den Freiheiten der Landkinder und benahm sich noch lange wie ein solches. Auf der Straße grüßte er jeden, der vorbeikam, so wie man es in wenig besiedelten Gegenden tut. Außerdem sprach er Kärntner Dialekt, so dass die Stadtkinder etwas zum Lachen hatten. Dazu kam die Armut seiner Familie im Vergleich zum Wiener Mittelstand. Ferdinand musste Pfandflaschen eintauschen, was er als entwürdigend empfand. Die Mutter nahm ein Ziehkind auf, um etwas dazuzuverdienen, und eine Nachhilfelehrerin bekam statt Geld Einladungen zum Mittagessen als Honorar.

Das Schlimmste an »der Stadt« war die Schule mit ihren strikten Regeln und einer Lehrerin, die Ferdinand hasste. Er wurde nie ein guter Schüler. Stattdessen lebte der Entwurzelte nur noch für die zwei oder drei Monate im Jahr, die er im Sommer in Moosberg verbringen durfte. Urlaub, Erntehilfe und Wiedersehen mit Aurelia. Wieder versteckten sich die beiden und gingen, jetzt noch gewagter, ihren sexuellen Experimenten nach. Ferdinand lag auf Aurelia und versuchte »das erigierte Schwanzerl bei ihr hineinzustecken«. Ganz deutlich erinnert er sich an die Macht des Orgasmus, die ihn hinwegtrug, und an die Entspannung danach. »Tupfen« nannten sie es, erinnert er sich, sowohl das Anfassen als auch die Penetrationsversuche. Ein österreichisches Wort für »Vögeln«.

Amor und Psyche, Terracotta 62 cm hoch, Paris um 1900

Ist er sicher, dass alles so geschah, wie er es erinnert? Ja, meint der Psychoanalytiker, es ist zu »verifizieren, es gab konkrete Orte, es hat stattgefunden«. »Kompakt« ist die Summe seiner Erinnerungen, nicht etwa fixiert auf etwas Bestimmtes, sondern bezogen auf »die Aurelia, das Gesicht, die Person«. Und sie, wie mag Aurelia sich dabei gefühlt haben? Er glaubt, dass sie ebenso neugierig war wie er, dass sie seinen Penis anfasste und »Spaß daran« hatte. Auch an Zärtlichkeiten kann er sich erinnern, aber am deutlichsten ist »der Trieb, dass einen da etwas ergreift und treibt«.

Woher sie wussten, was Mann und Frau miteinander machen, frage ich, in einem Alter, in dem andere Kinder unserer Generation jahrelang darüber nachgrübelten, ob die Babys bei der Frau vorne oder hinten herauskommen. Der Großvater, erklärt Bruner, hielt immer einen Zuchtstier. Und Bauern, die ihre Tiere von dieser Rasse decken lassen wollten, kamen mit der Kuh und bezahlten eine Gebühr. Was folgte, fand vor dem Stall unter freiem Himmel statt, dort wo auch die Schweine geschlachtet wurden. Da kamen die Kinder und schauten zu, auch wenn das den Erwachsenen nicht ganz recht war. Keiner aber machte sich die Mühe, ihnen das Schauspiel vorzuenthalten. Schon deshalb nicht, weil das Familienoberhaupt, an dem es gewesen wäre, ein Verbot auszusprechen, anderes zu tun hatte: »Der Stier wird zugelassen, und der Großvater schaut, dass er auch richtig trifft. Wenn der danebenspritzt, dann ist das eine Panne.« Aber die Menschen, gebe ich zu bedenken, die machen es doch etwas anders als die Kühe. Bruner überlegt und meint, dass sie schon auch Menschen beobachtet haben müssten. Trotz der enormen Größe des Hauses lebte die sechsköpfige Familie auf beschränktem Raum, so dass man vom Kinderzimmer das »Schnaufen und Keuchen« hören konnte, »wenn die Eltern miteinander vögelten«. Vielleicht hätten sie aus Versehen manchmal die Tür offen gelassen.

Auch Ferdinand und Aurelia muss Vergleichbares unterlaufen sein, denn nicht immer konnten sie ihr Geheimnis ganz für sich behalten. Es gab ein paar Mitwisser oder solche, die etwas vermuteten. In Aurelias Familie war das eine Verwandte vom Status eines Dienstmädchens. »Passt auf, dass euch die Nazis nicht erwischen«, warnte diese Frau halb spöttisch, halb im Bund mit den Ertappten, denn ihr selbst hätte es fern gelegen, ein Liebespaar zu verpfeifen. Den Nazis aber, mit denen sie einst üble Erfahrungen gemacht hatte, denen hätte sie das zugetraut. Was wäre denn passiert, will ich wissen, wenn die Eltern etwas von der geheimen Liebe erfahren hätten? Nicht viel, meint Bruner, denn die unterstanden selbst der Autorität des »Bauern« und der »Bäuerin«, das heißt Ferdinands Großeltern.

Was aber, wenn sie jemand an die Großeltern verraten hätte? Auch die, erklärt Bruner, waren keine »strafenden Instanzen«. Am wenigsten die Großmutter, eine sanfte, gütige Frau. In jungen Jahren hatte sie als Magd in einem Gasthof gedient, und der Großvater musste sie dort vor ihrer Eheschließung »herauskaufen«, ganz wie in finstersten Feudalzeiten. Als »die Bäuerin« – immer in hochgeschlossenen Kleidern mit Schürze und Kopftuch – sorgte die Großmutter später für die Verköstigung der Familien, der Schustergesellen, des Gesindes und der Tiere. Wenn Ferdinands Mutter ihm mit Strafen drohte, verteidigte sie ihren Enkel. »Der Bauer« selbst leitete Hof und Schusterwerkstatt und teilte die vielköpfigen Familien seiner Kinder zum Arbeiten ein. Trotz der patriarchalischen Autorität eines Großfamilienvorstandes war er, einer der wenigen Protestanten in Kärnten, liberal gesinnt und tolerant.

Einmal kam Ferdinand aus Wien zurück und bemerkte, dass ein etwas jüngerer Nachbar sich für Aurelia interessierte. Von heftiger Eifersucht geplagt, machte er ihr Vorwürfe, stritt so lange mit ihr, bis er wieder sicher war, der wichtigste Junge in ihrem Leben zu sein. Ein andermal durfte Aurelia ihn in Wien besuchen, und er freute sich wochenlang darauf. Da war aber ein Mädchen in seinem Haus, Anna »mit Stirnfransen und Rossschwanz«. Manchmal trug sie einen breiten, von einer Messingschnalle zusammengehaltenen Stretchgürtel. Und einmal, als ihr der Rock herunterrutschte, konnte Ferdinand sie fast nackt sehen. Obwohl er sie aufregend fand, wagte er nie einen Annäherungsversuch. Aurelia aber durchschaute ihn und fürchtete das Schlimmste. Sie hielt Anna für Ferdinands neue Freundin, regte sich auf, lieferte Eifersuchtsszenen und ging zum Schluss auf die Rivalin los. Ferdinand, der das genossen haben muss, im Rückblick: »Die haben gerauft, der Bub hat zugeschaut.« Trotz der langen Trennungsperioden, kleiner und größerer Hindernisse und Krisen aber verliebten sich Ferdinand und Aurelia jeden Sommer neu, verzogen sich in immer bessere Verstecke und ergaben sich ihrer frühen Lust. Acht Jahre ging das so, bis sie beide zwölf waren.

Es war in Aurelias Haus, auch dieses groß und nicht überall genutzt. Sie gingen in ein ungestörtes Zimmer und legten sich ins Bett, um zu tun, was sie jahrelang getan hatten. Aber da, zu Ferdinands größter Überraschung, da wollte Aurelia nicht, verweigerte sich zum ersten Mal. »Es geht nicht mehr«, erklärte sie kategorisch, und konnte nicht sagen, warum. Wahrscheinlich hat sie ihre Periode bekommen, vermutet Bruner heute. Damals aber verstand er nichts, war einfach nur erschüttert. Seine Aurelia, offizielle Kinderbraut und langjährige intime Freundin, sie hatte ihn verlassen, verstoßen aus der wärmenden Hülle ihrer heimlichen Liebe. Warum nur, warum? Es war wie die Vertreibung aus dem Paradies. Das Beste, was das Leben ihm bisher gebracht hatte, war dahin, er fühlte sich wie ein Versager. In seiner Not und Verzweiflung versuchte Ferdinand, eine etwas jüngere Kusine zu verführen. Die aber lehnte ab, so dass die Niederlage noch größer und der Schmerz unerträglich wurde.

Mit dem Gefühl des Scheiterns begann die Pubertät, eine Zeit der Trostlosigkeit, geprägt von Depressionen, sexuellen Schuldgefühlen und der Frustration unerfüllbarer Schwärmereien. Vorbei war es mit der frühen Sinnlichkeit, eine Fortsetzung lange kaum vorstellbar. Noch in Klagenfurt, wo Ferdinand Bruner – anders als der Professor Satz und die Eltern gehofft hatten – Psychologie zu studieren begann, war er das Gegenteil von einst, ein sexuell verklemmter junger Mann, »ganz arm«. Unter dem Einfluss eines progressiven Professors dann begann sich der Student für die sozialkritischen Interpretationen Sigmund Freuds zu interessieren. Nicht mehr gott- oder naturgegeben schien ihm sein Leiden an gestörter Emotionalität und Sexualität jetzt zu sein, sondern von herrschender Moral und individuellem Triebschicksal bedingt, das heißt veränderbar. Eine erste Psychoanalyse bestätigte das und brachte Linderung. Erst der Sprung vom kleinbürgerlichen Klagenfurt ins studentenbewegte Berlin aber führte zur abermaligen Wende in Bruners Leben. Ergriffen vom Strudel der politischen und sexuellen Emanzipationsbewegungen dieser Zeit überwand er seine »lange Latenz« und gewann zurück, was er mit Aurelia verloren hatte.

Sieht der heutige Professor die heutige Möbelhändlerin, wenn er seine Verwandten besucht? Ja, trotz der Distanzierung in der Pubertät brach der Kontakt nie ab. Er gratuliert Aurelia zum Geburtstag und besucht sie bei jedem Aufenthalt in Moosburg in ihrem Elternhaus, in dem sie, inzwischen mit Kindern und Enkelkindern, noch immer wohnt. Einmal, als schon bewegter Student, fragte Ferdinand seine Kinderfreundin, ob sie sich an ihre Lust im Heu, im Stall und all den anderen verschwiegenen Orten erinnern könne. Sie wehrte ab, gab keine Antwort, wie schon einmal mit zwölf, als sie Nein sagte und so ihrer beider Kindheit ein Ende setzte. Ob sie es vergessen hat oder nicht darüber sprechen wollte? Schwer zu sagen, meint er, »einen Widerstand« dagegen habe sie gehabt, den er schließlich akzeptieren musste.

Ob er seine Kindheit als glücklich oder unglücklich empfindet, frage ich den Psychoanalytiker am Ende unseres Gesprächs. »So lala«, antwortet er mit einer ambivalenten Geste. »Aber wenn ich das nicht gehabt hätte, dann wäre meine Kindheit überhaupt nichts. Das macht sie zu etwas Besonderem, etwas, was das Leben und die Kindheit lebenswert gemacht hat.«

* Alle Namen geändert

O Liebe, o Leben! – nicht Leben, sondern Liebe im Tod!
William Shakespeare

Mit Johnny hat es angefangen

Erinnert von: Chris Piazza, Bildhauerin

Bei unserer ersten Begegnung auf einem New Yorker Flohmarkt halte ich Chris Piazza für eine Schauspielerin. Ihre Sprache ist suggestiv, reich an schön ausgedachten Metaphern und poetischen Formulierungen. Mimik und Gestik sind theatralisch. Der große Ernst dieser Frau aber und ein fast religiöses Engagement für Kunst geben ihr auch etwas von einer Jeanne d'Arc. Chris Piazza ist Bildhauerin. Die alten Knöpfe, die sie eben gekauft hat, sind für eins ihrer Werke. Sobald ich kann, erzähle ich von meinem Buchprojekt und frage nach ihrer Kindheit. Eine ihrer großen Lieben und die überwältigendsten Gefühle im ganzen Leben, lässt mich die Künstlerin bedenkenlos wissen, erfuhr sie im Kindergarten als Fünfjährige. Gern will sie mir davon erzählen und lädt mich in ihr Atelier nach Brooklyn ein. Was ich dort sehe, ist so ungewöhnlich, dass ich mein Interview zunächst einmal vergesse.

Staunend stehe ich vor *Pearly*. Aus seinen weit auseinanderstehenden, blauen und vor Intensität aus den Höhlen tretenden Glasaugen sieht er mich traurig an, während ich Gesamtbild und Details seiner exzentrischen Schönheit betrachte. Seine schlanke Gestalt, sein kalkweißes Gesicht mit großer, gebogener Nase und knallrotem Mund. Ein Clown ist er offensichtlich, viel eleganter nur als die meisten seiner Art. Das Kostüm, ein Wams mit weißem Seidenkragen und Ärmelstulpen über zu kurzen Hosen, ist lückenlos mit Perlmutterknöpfen bedeckt. *Pearly* ist so groß wie ein vier- oder fünfjähriges Kind. Nur die durch Sockel und Aufbau in die Länge gezogene Vitrine, in der er gefangen ist, lässt ihn mannshoch erscheinen. Unzählige schimmernde Knöpfe schmücken auch die Ecken und Kanten seines Hauses.

Pearly ist Pedrolino, erläutert Chris Piazza, der naiv-stoische Einzelgänger aus der Commedia dell'arte. Er ähnelt seiner Schöpferin, mit seinem blassen Teint, den großen, eindringlichen Augen und der mediterranen Nase. Das Gesicht der Bildhauerin wiederum erinnert an die Portraits venezianischer Damen des 15. und 16. Jahrhunderts. Nur dass ihr hellrotes Haar nicht kunstvoll hochgesteckt ist, sondern ihr in leichten Wellen bis in den Schoß fällt. Piazzas Lebensgefährte Michael, der Fotograf ist, steht meist etwas hinter ihr. Der große, kräftige Mann mit Backenbart wirkt eher wie ein Lehrer als ein Künstler. Gern überlässt er ihr den Glamour, ist ganz Bewunderung und Stolz.

Pearly hat sechs Brüder, wie er Charaktere aus der Commedia dell'arte, mit Gesichtern, grotesk und rührend zugleich. Sie tragen Kleider, kunstvoll zusammengesetzt aus alter Seide, Schnürsenkeln, Draht, Rosshaar, Gürtelschnallen, Glasperlen oder Kupferblech. Auch sie stehen in Glasfensterhäusern aus geschnitztem Holz, zusammengeschweißten Nähmaschinen-Tretpedalen oder Kupferrohren. Piazzas Atelier in Brooklyn war früher ein Kutschenhaus. Da, wo die Pferde gefüttert wurden, stehen heute die Produkte ihrer märchenhaften Fantasie. Der Wohnbereich, beherrscht von einem langen Holztisch wie in einer Bauernküche, ist mit betagten Fundstücken möbliert. Stühle mit abgestoßener Farbe, blinde Spiegel, ein Küchenwaschbecken aus

Pearly, Skulptur von Chris Piazza

Emaille und im Bad eine Wanne auf Tierfüßen. Schon als Kind liebte Piazza alles Alte, Zerfallende und Todgeweihte. Als angehende Künstlerin ging sie ins Altersheim, zeichnete Menschen, deren Tage gezählt waren, und beschenkte die Staunenden mit ihren Portraits.

Am Ende einer ungepflasterten Straße Pennsylvanias in der Nähe von Pittsburgh lag eine einsame Farm. Der Nachbar pflügte sein Feld mit Pferden, die nächste Bushaltestelle war kilometerweit entfernt. Hier versteckten sich Chris Piazzas politisch engagierte Eltern vor den Kommunistenjägern der McCarthy-Ära. Die Familie des Vaters stammte aus einem italienischen Dorf nicht weit von Venedig. Der Großvater starb kurz nach der Einwanderung an Tuberkulose, die Großmutter geriet in tiefe Armut. Der Vater erlitt im Krieg eine nie heilende Wunde. Schreiend vor Schmerzen lag er oft im Schlafzimmer und ließ niemanden zu sich. Trotz all dieses Unglücks war das Leben der kleinen Chris nicht nur bedauernswert. Geprägt war ihre Kindheit auch vom Idealismus der Eltern, ihrem freiwilligen und unfreiwilligen Verzicht auf Konsum und Konventionen und von gleichgesinnten Freunden der Familie. Politische Aktivisten, linke Intellektuelle, Kosmopoliten, Künstler und Bohemiens besuchten die Versteckten, brachten ihr Wissen und ihre Fähigkeiten mit ins ländliche Exil.

Piazza hatte weder Geschwister noch Spielkameraden. Trotzdem war sie nicht das einzige Kind, denn sie hatte sich eine Freundin ausgedacht. Das unsichtbare Geschöpf ihrer Einbildung hatte einen Namen, war immer da, spielte und sprach mit ihr. Am Tisch wurde für das Mädchen gedeckt, und man erkundigte sich nach seinem Befinden. Einmal, erinnert sich Piazza, fragte die Mutter, wo die Freundin sei, weil sie nicht mit ihr sprach. »Ich hatte keine Lust mehr, mit ihr zu sprechen«, antwortete sie, »ich habe sie in den See gestoßen.« Vier oder fünf sei sie damals gewesen, alt genug, um allein zum See zu laufen.

Nach dem imaginierten Mord an der Gefährtin begann Piazza, Bäume zu ihren Freunden zu machen. Sie gab ihnen Namen, begrüßte sie, wenn sie an ihnen vorbeikam, und sprach mit ihnen. Etwas realer sei ihre Kinderwelt damit geworden, meint sie. Bis heute aber sei die Grenze zwischen belebten und unbelebten Objekten ihres Interesses fließend. Tatsächlich kann die Künstlerin stundenlang hoch engagiert von den Fundstücken und Materialien sprechen, aus denen sie ihre Skulpturen zusammensetzt. Die Einbildungskraft scheint auch ihnen Leben einzuhauchen, denn trotz ihrer surrealen Natur wirken Piazzas Commedia-dell'arte-Puppen so lebendig, dass man sie fürchten könnte. »Das Gefühl von Isolation aus meiner Kindheit ist offensichtlich«, sagt sie ganz nüchtern und meint die Präsentation ihrer Skulpturen in Schaukästen.

Wir diskutieren über Romantik in der Kunst. Piazza spricht von etwas Mysteriösem wie dem kleinen Mädchen, das sie einst erfand. Ein großes Glück sei das, »eine Art Entlassung aus der Realität, aus allem Praktischen und Wirklichen.« Es sei aber, beeilt sie sich hinzuzufügen, keineswegs nur spielerisch. Nein, wirkliche Romantik stehe der Freude ebenso nahe wie dem Leiden.

Piazzas Mutter machte sich Sorgen um ihr vereinzeltes Kind und setzte alles daran, Chris in einem Kindergarten unterzubringen. Es gelang nur für kurze Zeit. Das Zusammensein mit anderen Kindern aber führte zu einem Erlebnis, das sie für immer prägen sollte. Sie begegnete, berichtet Piazza, ihrer ersten und vielleicht größten Liebe im Leben. Der Spielgefährte hieß Johnny, und sie wusste genau, dass sie ihn heiraten würde. Sie brachte ihre Beziehung zu ihm mit den Hochzeitsbildern in Verbindung, die sie auf Vitrinen oder an anderen häuslichen Ehrenplätzen sah. An die Stelle von Braut und Bräutigam fantasierte sie sich und Johnny. Ihre Liebe hatte etwas »Absolutes«, getragen von unglaublich starken Gefühlen. Die Emotionalität portugiesischer Liebeslieder fällt ihr dazu ein.

Chris erbat sich Johnnys Foto, trug es nach Hause und erklärte der Mutter, man müsse das Bild rahmen und an die Wand hängen, denn das sei ihr Liebster. Sie sprach sehr oft über ihn und erzählte jedem, dass sie ihn heiraten werde. Alle sollten es wissen und ernst nehmen. Denn ihre Zukunft mit Johnny war so gewiss »wie der Sonnenaufgang« jeden Tag. »Es war die berauschendste Romanze meines Lebens, voll von etwas schwer zu Beschreibendem, einer bestimmten Substanz, etwas Magischem, das eine absolute Gewissheit ausmachte.« Und das, obwohl sie diesen kleinen Jungen kaum kannte, ergänzt sie kritisch. Es ging nicht um ihn, sondern um etwas, wofür ihr die Worte fehlen. Wie Johnny aussah, frage ich. Aber sie kann sich nicht erinnern, nur an seinen Namen, an die gewaltigen Gefühle und an die Einheit, in der sie sich mit ihm sah. Die anderen Kinder betrachtete sie als Individuen, sich und Johnny als etwas Zusammengehöriges. Die Kindergärtnerin muss das akzeptiert haben, denn sie erlaubte den beiden, während des Mittagsschlafes nebeneinander zu liegen.

Chris Piazza im Alter von sieben Jahren

Einmal hatte sich Johnny beim Spielen verletzt, blutete an der Nase oder am Ohr. Chris glaubte, sein Leben schwebe in Gefahr und sie müsse ihn retten. Sie hielt ihn im Arm, erschüttert und fasziniert von der vermeintlichen Todesnähe. Eine Filmszene, sagt sie lachend, obwohl sie in dem Alter noch kaum im Kino gewesen sein könne. Die Rollenverteilung wundert mich, denn in Fantasien dieser Art ist der Retter gewöhnlich der männliche Part. Der starke, mutige Mann, der die Jungfrau dem Monster entreißt oder sie aus dem Feuer trägt. Ist, was Piazza beschreibt, nicht eher die Szene einer Pietà? Der Tote im Schoß der heiligen Mutter, umstrahlt vom Licht ewiger Liebe und ewigen Leidens? Piazza aber beschreibt ein Gefühl, am Abgrund zu stehen, die Vorstellung, dass ihr jeden Moment alles genommen werden könnte. Das, was Menschen angesichts einer alles überschattenden Katastrophe empfinden müssten. »Diese überwältigenden Gefühle für jemanden, so jung und so klein. Das ist es, woran ich mich vor allem erinnere.«

Auf meine Frage, ob die Liebe zu Johnny einer Liebesbeziehung im späteren Leben geglichen habe, steigert sie sich zu weiteren Idealisierungen. Nein, sagt sie, diese sei dem am nächsten gekommen, was sie für das Wesen romantischer Liebe hält. Die einzige in ihrem Leben, die nicht »eigennützig« war, sich nicht auf »anderen Ebenen von Verlangen« abspielte. Diese Liebe habe nichts mit Verlangen irgendeiner Art zu tun gehabt, so »verlässlich« und so »rein« sei sie gewesen. Wie sie den Kindergarten und damit Johnny verließ, hat Piazza vergessen. Die kurze Zeit ihres Zusammenseins aber, so die Zurückblickende, habe sie um die Erfahrung ganz großer Liebe bereichert.

Über Jungen und Männer, die sie nach Johnny liebte, erfahre ich zunächst nur in Andeutungen. Da waren die Sitzenbleiber und Schulaussteiger, die sie faszinierten, und dann ein Olympia-Skisportler, dessen Portrait sie immer wieder zeichnete. Dann waren es Filmstars, merkwürdige wie Michael Rennie oder gebildete mit britischem Akzent wie Ronald Colman. Weiter erzählt sie vom Verliebtsein in die russische Kunst des Konstruktivismus und Futurismus, in Künstler mit romantischen Lebensgeschichten wie Wladimir Majakowski oder Hans Christian Andersen. Auch in die alten Postkarten sei sie verliebt, aus denen sie gerade ein neues Objekt zusammenbaut.

Sobald ich das Tonband abgestellt habe, beginnen wir höchst engagiert, unsere Lebenserfahrungen mit Männern auszutauschen. Ich erzähle, wie ich in jungen Jahren eine unglückliche Romantikerin war, wie ich – vom Hindernis der Liebe und dem damit verbundenen Leiden besessen – immer wieder Beziehungen einging, die nicht funktionieren konnten, und deshalb jahrelang unter chronischem Liebeskummer litt. Aus Verzweiflung begann ich eines Tages mit einer Recherche über das Phänomen Liebe. Wie Schuppen fiel es mir dabei von den Augen, als ich die ideologischen Parallelen zwischen romantischer Liebe und gewalttätiger Sexualität entdeckte: Macht und Abhängigkeit, Schmerz, Leiden und die Affinität zum Tod. Auch der Hang zum Mystisch-Religiösen sowohl der schwärmerischen Romantiker als auch der von Ritualen besessenen Sadomasochisten schien mir plötzlich auf der Hand zu liegen. Gründlich ernüchtert sank meine Achtung vor der Liebesromantik, und ich begann, lebbare Bindungen einzugehen.

Aufgeregt fällt mir Piazza ins Wort, um selbst in Bekenntnisse über ihre eigenen tragischen Liebesaffären auszubrechen. Ja, Romantik und Sadomasochismus, dass die zusammengehören, das leuchte ihr ein, ruft sie mit weit ausholenden Gesten und Augen, die denen von *Pearly* immer ähnlicher werden. Von klein auf hatte sie einen Hang zum Tragischen. Ja, Johnny, mit dem habe es angefangen. Sie durchlebte, erzählt sie ruhiger werdend, mehrere dramatisch romantische Beziehungen. In einem Fall schlugen die Wellen der Gefühle so hoch, dass es zu Szenen kam, während deren der Geliebte sie mit dem Tod bedrohte. Nach einem Jahr trennte sie sich, weil sie ernsthaft fürchtete, von seiner Hand zu sterben. Nur wenige Monate später aber war das Paar wieder zusammen, und das Drama begann von Neuem. Ich lenke das Gespräch auf Michael, den jetzigen Lebensgefährten. Wenig romantisch komme mir der vor, aber umso liebevoller und zuverlässiger. »Ja«, sagt Piazza, »ein guter Freund, ein wirklich guter Freund.«

Immer, wiederholt die Bildhauerin noch einmal, waren romantische Gefühle bei ihr an das Leiden gebunden, an den Tod letztendlich. »Mit Johnny hat es angefangen, mit Johnny schon im Kindergarten.«

Meinst du, ein Biologielehrer hätte einen Penis an die Tafel gemalt und drangeschrieben, wie die Einzelteile bezeichnet werden, welche Funktionen ihnen zukommen? Da lernt man stumpfsinnig, wie die Einzeller alle heißen, und weiß noch nicht einmal, wie ein weibliches Geschlechtssteil aussieht, bevor man nicht selber nachgesehen hat.

Aus einer Schülerzeitung von 1966

Wie sieht's da drunter aus?

Erinnert von: Robert Dorn*, Fernsehjournalist und Waltraut Kerber, Lehrerin

Auf der Dachterrasse eines Hauses wohlsituierter Kleinstädter erreicht eine Kinderparty ihren Höhepunkt. Spiele werden arrangiert, kleine Sketche aufgeführt, Kuchen und Kakao serviert. Die Mutter lässt es an nichts fehlen. 1957 ist das, im niedersächsischen Wiesbüttel. Gefeiert wird der zehnte Geburtstag des Robert Dorn, und er durfte einladen, wen er wollte. Die gleichaltrigen Schulfreunde sind etwas größer als er. Waltraut aber, die Tochter der benachbarten Drechslerfamilie, ein blondes zerbrechliches Mädchen von acht Jahren, ist die Kleinste von allen. Robert wurde reich beschenkt. Auf dem Gabentisch Pfeil und Bogen zum Indianerspielen, zwei Abenteuerbücher, ein Knabenfahrrad und ein Kofferradio. Außerdem hat ihm die Mutter ein paar Wildlederschuhe mit Troddeln und ein Rüschenhemd gekauft, Kleider von der Sorte, wie er sie nur ihr zuliebe manchmal gegen seine speckige Lederhose eintauscht. Robert hat die Geschenke mit großer Freude ausgepackt und genießt die ihm entgegengebrachte Aufmerksamkeit, aber es fehlt ihm etwas. Er will mehr, viel mehr, als ein Kindergeburtstag hergeben kann. Unbescheiden, maßlos gar ist er, denn er will das, was Kindern seiner Generation strengstens verboten ist. Kurz entschlossen nimmt er seine Nachbarin und Spielgefährtin Waltraut an der Hand, führt sie ins Zimmer seines abwesenden Bruders und verriegelt die Tür.

Fünfzig Jahre später in Berlin: Ins *Milord*, die Nostalgiebar in Charlottenburg, sind etwa 200 Gäste aus mindestens fünf verschiedenen Ländern zu einer Party gekommen. Darunter Schauspieler aus der *Lindenstraße*, Medienleute in hohen Positionen, ein paar Politiker und ein beliebter Talkmaster. Gefeiert wird der sechzigste Geburtstag des Fernsehjournalisten Robert Dorn unter dem Motto: »Robert startet durch«. Eine Anspielung auf die ungebrochene Reiselust des noch immer hochaktiven Kosmopoliten. Schon hat es viel Sekt und Wein gegeben und gutes, deftiges Essen an einem überlangen Buffet. Vielversprechende, aufwändig verpackte Geschenke, geschmückt mit bauschigen Schleifen und bunt schillernden Gratulationskarten daran, türmen sich auf einem großen Tisch. Jeder weiß, wie gern Robert seine Geburtstage feiert und wie sehr er sich über Geschenke freut.

Jetzt sitzen wir auf dunkelrot gepolsterten Theaterstühlen, umgeben von erotischen Wandgemälden, goldgerahmten Spiegeln und damastenen Volants vor einer kleinen Bühne. »Bobby, wenn du Geburtstag hast / bin ich bei dir zu Gast / die ganze Nacht«, singt eine Marlene-Dietrich-Interpretin in Abwandlung des Geburtstagslieds für Johnny. Ein Akrobat verpackt seinen ganzen Körper in eine kleine Pappschachtel. Ein amerikanischer Stepptänzer und eine schwarze Jazzsängerin geben ihr Bestes. Dann die Laudatio eines Fernsehkollegen und eine Fotodokumentation aus dem Leben des zu

Feiernden einschließlich eines Kinderportraits. Durchaus erkennbar ist der heutige Robert, wie er da strahlend neben seiner schönen Frau steht. Marianne Dorn, eine mädchenhafte Erscheinung von großer Eleganz, der die Grazie der frühen Jahre so treu geblieben ist wie kaum einer anderen.

Der Fernsehveteran ist ein kleiner Mensch mit einem kleinen Bauch, dichten grauen Haaren und einem bubenhaften Lächeln. Ich kenne ihn aus New York, wo er als Korrespondent arbeitete. Weil er in Gesellschaft hemmungslos flirtet, Komplimente, Küsse und Umarmungen an unzählige Frauen verteilt, hielt ich ihn für einen Womanizer. Allerdings nur, bis mich die unübersehbar große Liebe zur Frau seines Lebens anders darüber denken ließ. In Berlin-Schöneberg treffe ich die Dorns in ihrer weitläufigen Wohnung mit Balkon und Blick auf den Winterfeldtplatz. Wenig Möbel, dafür viele Bilder, meist von befreundeten Künstlern. Ich bekomme einen Martini und kann nicht Nein sagen, obwohl es noch früh am Tag ist. Dorn kommt gerade von einer Dienstreise aus Russland und wird morgen nach Paris fliegen. Aber das Interview war ja versprochen, ebenso wie der Kontakt zur Kinderfreundin, mit der es vor einigen Jahren ein Wiedersehen gab. Ein Anruf von ihm, und ich habe die Adresse sowie die Einwilligung zu einem Gespräch auch mit Waltraut Kerber, wie sie heute heißt.

Seine Eltern, erfahre ich über Roberts Kindheit, betrieben zusammen ein florierendes Eisenwarengeschäft. Die Mutter war eine schöne und sehr elegante Frau, eine »Grande Dame« gar und absolut fehl am Platz in einer Kleinstadt wie Wiesbüttel. Bis ins hohe Alter noch legte sie großen Wert auf ihre Erscheinung und gab viel Geld für Mode aus. Reichlich auch verwöhnte Frau Dorn ihren Jüngsten, schenkte ihm alles, was er wollte. Umso mehr wahrscheinlich, weil sie nicht immer genug Zeit für ihn hatte. Für Robert kein Mangel, denn er hatte viele Freunde, gehörte einer Sioux-Indianer-Bande an und war ein beliebtes Kind. Sogar auf eine Freundin konnte er stolz sein, auf Waltraut, die Nachbarstocher, mit der er von klein auf gespielt hatte. »Hübsch, niedlich, blond und zart« war dieses Mädchen. Besonders wichtig für ihn, weil er selbst klein und nicht besonders stark war, so dass er weder raufen noch prügeln oder sich durch sportliche Hochleistungen Respekt verschaffen konnte. Mit anderen Qualitäten und Errungenschaften also galt es in der Kinderwelt zu imponieren, mit »so 'ner zauberhaften, kleinen Blondine« wie Waltraut beispielsweise. Sein »Faustpfand« sei sie gewesen, seine »Trophäe« gar.

Überrascht von so viel Ehrlichkeit, frage ich Robert Dorn, was er für Waltraut empfand. An Gefühle romantischer oder freundschaftlicher Art kann er sich kaum erinnern, meint aber, dass es so etwas gegeben haben muss. Sonst hätte er sie doch nicht im Geheimen, sondern vor den Augen anderer geküsst, womit wir bei seinem zehnten Geburtstag sind, dem ersten Höhepunkt im Leben des TV-Reporters. Wieder beschreibt er Waltraut, wie »süß« sie damals aussah, »so wie man sich als Zehnjähriger eine Frau nur wünschen kann«. Meine Frage, ob sie seinem späteren Frauenideal glich, bejaht er und gibt auch in diesem Punkt bereitwillig Auskunft: »Gut aussehend, liebreizend, eher zart als kräftig und extravagant« sind die Frauen, die ihm gefallen, vor allem aber »sinnlich«. Eigenschaften wie »warmherzig« oder »sportlich« interessieren ihn kaum.

Was er denn mit Waltraut wollte, im Zimmer seines Bruders, möchte ich nun wissen. Küssen wollte er sie und sie »für sich haben«. Was sie konkret gemacht haben? »Geknutscht, sich geküsst und angefasst.« »Nicht Petting oder so«, ergänzt er vorsichtig, aber »auch nicht mit den Händen hinter dem Rücken geküsst.« Was genau passierte, mag er nicht sagen. Ich stelle mir die beiden vor, zusammen auf einem Bett herumrutschend, entschlossen im Versuch, es den Erwachsenen gleichzutun. Sie vielleicht etwas abwehrend, er neugierig den weiblichen Körper ertastend. Wie weit das wohl führte? Als ein Dienstmädchen kam und klopfte, verbat sich der junge Herr ärgerlich die Störung. Das Mädchen klopfte weiter und rüttelte an der Tür, so lange, bis er aufschloss und bereit war, zu den Gästen zurückzukehren. Anderen Kindern wäre damals Furchtbares passiert. Robert aber hatte Glück. Entweder kam keiner auf die Idee, dass hinter der verriegelten Tür Erotisches geschah, oder man war tolerant genug, die Sache zu übergehen. Der kindliche Verführer seinerseits erklärte Waltraut von Stund an zu seiner offiziellen Freundin. Der Einzige in seiner Clique war er nun, der solch eine »Bestätigung als kleiner Mann« erfahren hatte. »Da wirste schon 'n Mann, wenn du mit 'ner Frau schon mit zehn zusammen bist.« Die Begriffe »Besitz« und »Eroberung« fallen und das Bild vom Mann als »Sammler und Jäger«. Tatsächlich sammelt Dorn Kunst, Bücher und auch Reiseerinnerungen, meint aber mehr das Jagen nach und Sammeln von Informationen als Journalist. All die »tausend Geschichten«, die er seinem Publikum erzählt. Und Frauen, ob er die auch sammelt? »Vielleicht auch, doch, doch, ich will da schon Eindruck machen, Bestätigung erfahren.«

Das Wiedersehen des einstigen Kinderpaares hatte Waltraut angeregt. Durch ihre in Hannover lebende Schwester erfuhr sie eines Tages, dass auf dem Plakat zur Eröffnung einer dortigen großen Kunstausstellung der Starjournalist als Sprecher angekündigt war. Waltraut schrieb einen Brief an Robert, den die Schwester überreichte. Zwei nicht mehr junge Ehepaare – beide kinderlos und seit etwa fünfunddreißig Jahren zusammen – verabredeten sich daraufhin in der damaligen Wohnung der Dorns in Hamburg. Sie verbrachten, wenn ich Robert richtig verstehe, einen angenehmen, aber wenig aufregenden Abend zusammen. Sein Interesse an dem Treffen, so Dorn, war vor allem das der »Informationsbeschaffung«. Es sei schließlich etwas Besonderes im Leben, wenn man sich dem anderen Geschlecht zum ersten

Mal vorsätzlich nähert. In tragischeren Zusammenhängen, überlegt er, ist das wahrscheinlich ähnlich. So, wenn man einen Menschen sterben sah. Dann will man später auch die Angehörigen noch einmal sehen, um sich zu erinnern. Auch dann, wenn man persönlich gar nichts damit zu tun hatte, einfach nur dabei war. »Ich war dabei, als Waltraut und ich zum ersten Mal geküsst haben«, erläutert er den Vergleich. »Mein erster wissentlicher Kontakt mit dem anderen Geschlecht. Klar, da will man wissen, was aus so 'ner Frau geworden ist.« Die erste erotische Erfahrung, ebenso einschneidend wie die Begegnung mit dem Tod? Ein großer Meilenstein zumindest im Leben eines kleinen, neugierigen Mannes, der später alles erreicht hat, was er wollte.

Zwei Wochen nach dem Gespräch mit Dorn fahre ich von Berlin über Hamburg nach Buxtehude und von da mit der Regionalbahn nach Blumenmoor. Frau Kerber holt mich mit dem Auto vom Bahnhof ab. Eine unscheinbar zurechtgemachte Frau mit praktischer Kurzhaarfrisur. Weder hübsch noch hässlich, weder groß noch klein, weder dick noch dünn. Ungewöhnlich nur die eng beieinanderliegenden graubraunen Augen im schmalen Gesicht, vom Ausdruck schwer zu deuten.

Durch einen Vorort von Blumenmoor mit reetgedeckten Bauernhäusern, umgeben von blühenden Gärten, fahren wir zum Haus der Kerbers. Beide sind Lehrer und unterrichten seit Jahrzehnten an derselben Schule. Wir sprechen über die Belastungen, die dieser Beruf mit sich bringt. Trotzdem war und ist Roberts Kinderfreundin eine leidenschaftliche Pädagogin, wollte nie etwas anderes als Lehrerin werden. Herr Kerber, eine gesetzte Erscheinung, kommt in Hausschuhen die Treppe herunter, sagt mir guten Tag und zieht sich gleich wieder zurück. Ihr Haus haben die Studienräte »gebaut«. Passend zur norddeutschen Umgebung hat es niedrige Decken, kleine Fenster und einen großen Kamin. An einem langen Esstisch mit gedrechselten Beinen aus der Werkstatt ihres Großvaters nehme ich mit Waltraut Kerber Platz. Über mir eine industriell gefertigte Tiffany-Lampe, vor mir der Blick auf den mustergültig gepflegten Garten, der Unkraut kaum zu kennen scheint. Ich bekomme Kaffee und Törtchen mit Sahne vom Konditor. Bis auf ein paar Vogelstimmen sind kaum Nebengeräusche auf meinem Tonband. Ruhe, Ordnung und Gediegenheit des Ambientes aber haben ihren eigenen Sound.

Die ersten Erinnerungen der Lehrerin an den Kinderfreund stammen aus ihrem vierten bis sechsten Lebensjahr. Bobby, wie sie ihn nennt, hatte einen Roller mit Gummireifen, während ihrer, vom Großvater gezimmert, noch ganz aus Holz war. Später, sagt sie lachend, hatte er dann ein Fahrrad mit Luftreifen und Stützrädern, »der Rolls-Royce unter den Fahrzeugen bei uns.« Ihre Mutter, lässt sie mich wissen, habe bestätigt, dass die Freundschaft mit Bobby so früh begann. Genau weiß die Mutter das, weil sie der kleinen Waltraut damals ein hübsches rotes Kleidchen nähte, mit einer ganz besonders schönen Stickerei auf dem Oberteil. Das trug sie zu Roberts Geburtstag. Es muss sein sechster gewesen sein.

Robert Dorns Beschreibung seiner Heimatstadt Wiesbüttel ist die eines Menschen, der – für die Provinz nicht geschaffen – noch immer froh ist, da nicht mehr leben zu müssen. Er spricht von einer »nett hergerichteten« Altstadt, nennt Wiesbüttel »schläfrig«, »überschaubar«, »niedlich« und »piefig« und erwähnt auch den heutigen Bevölkerungsschwund. Waltraut Kerber dagegen schildert das damalige Städtchen als unwiederbringliches Idyll. Wie eine Beschwörung der Vergangenheit klingt es, wenn sie von der Schönheit ihres Stadtviertels und seinen Fachwerkhäusern spricht und von dem alten Rathaus im Zentrum aus Ziegelsteinen »mit Türmchen wie ein Schlösschen«. Liebevoll schildert sie Bobbys Elternhaus, einen Backsteinbau mit Lagerräumen auf der Rückseite, und nur ein paar hundert Meter weiter das Haus ihrer Eltern, Fachwerk aus dem Jahre 1703. Dahinter ein Innenhof, die Werkstatt mit der Drechselei und dann ein verwunschener Garten. Da stand ein uralter Birnbaum, dessen Wurzeln ein Tor bildeten, und ein noch schönerer, der sich so verzweigte, dass man bequem darin sitzen konnte. »Und da haben Bobby und ich gesessen und haben uns Geschichten erzählt.« Das ist ihre wichtigste und liebste Erinnerung an die Beziehung zu Robert. Mit Romantik oder Erotik habe das nichts zu tun gehabt, versichert sie zu meiner Verwunderung, eine »reine Kinderfreundschaft« sei es gewesen.

»Wir haben uns gut verstanden«, sagt Frau Kerber nur, als ich nach der Faszination an dem Spielgefährten frage, und spricht von »einer Wellenlänge«. Bobby sei hilfsbereit, feinfühlig und ein »kleiner Gentleman« gewesen, nicht »ruppig« wie andere Jungen. Immer wieder kommt sie auf das Übereinstimmende, sie füreinander Prädestinierende in der Persönlichkeit der beiden Kinder zu sprechen, begonnen mit ihren körperlichen Voraussetzungen. Sie »klein und zart«, er »klein und relativ schmal« und beide »keine kräftigen Kinder«. Ob es selbstverständlich für ein Mädchen war, mit einem Jungen zu spielen, frage ich. Nein, das müsse schon etwas Besonderes gewesen sein. Auch an das Spielen mit Bobby und anderen Jungen kann sie sich jetzt erinnern, nur vage allerdings. Ob das die »Sioux-Indianer-Bande« war, die Robert erwähnt hat? Da soll ich Bobby fragen, sie weiß es nicht mehr.

Mit ebenso ungebrochener Freude wie ihre Kindheitserinnerungen an Robert schildert Waltraut Kerber das Wiedersehen mit ihm in Hamburg. Wie sie zusammen mit ihrem Mann auf das Dorn'sche Haus zuging und klingelte, wie sich die Tür öffnete und sie in einen dunklen Flur traten, der auf eine dunkle Treppe führte. »Und dann kam Bobby die Treppe runter, und ich bin die Treppe rauf. Da sind wir uns erst mal um den Hals gefallen und haben uns riesig gefreut.« Es hätte auch anders kommen können, gebe ich zu bedenken. Oft könne man doch mit früheren Freunden nichts mehr anfangen, weil man sich auseinandergelebt habe. Nein, das war für sie keine Frage. Nie hat sie etwas anderes erwartet als »tiefes Vertrauen« und die Freude des Wiedersehens. »Das war, als ob keine Zeit dazwischen gewesen wäre.«

Etwa vierzig Jahre vorher gehörte der kleine Dorn einem kindlichen Männerbund an, der »Sioux-Bande«, in der eine Handvoll Schulbuben abenteuerliche und kriegerische Fantasien auslebte. Unterstützt vom Vater eines Mitglieds, dem Pächter des »Schwanenhotels«, trafen sich die kleinen Indianer auf dessen großem Dachboden. Sie schnitzten Pfeile, Speere und Bögen und überlegten, welche der konkurrierenden Kinderbanden sie zum Kampf herausfordern sollten. Oder sie heckten Verteidigungsstrategien gegen Banden aus, die ihrerseits Gewalt androhten. Die Militanz muss dabei pure Fiktion gewesen sein, denn über das Einsteigen in ein leer stehendes Gebäude zwecks Reviererkundung oder das Stehlen von etwas Obst ging das kriminelle Potential der Gruppe nicht hinaus. Vielleicht haben sich die Provinz-Indianer auch etwas gelangweilt. Robert jedenfalls brachte frischen Wind in das Unternehmen, mit einer ganz neuen, ungewöhnlichen Idee. Ein Mädchen sollte in die Jungenbande aufgenommen werden, seine Freundin Waltraut. Nicht einfach war es, die Sioux-Kollegen dazu zu überreden. Ausgerechnet Waltraut, ob die nicht viel zu jung und zu schwächlich für den Ernst des Indianerlebens sei? Robert aber erzählte, wie er mit der Nachbarin schon in Baumwipfeln gesessen und steile Dächer erklommen habe, ohne dass sie jemals schlapp gemacht hätte. So lange pries er Waltrauts Standhaftigkeit, bis die Freunde überzeugt waren. Und einmal in den Verein aufgenommen, enttäuschte Waltraut ihren Fürsprecher in nichts. Trotz oder vielleicht sogar wegen ihres zierlichen Äußeren war sie »knallhart dabei«, sagt Dorn und geht zum ersten Mal auf ihre Persönlichkeit ein. Nicht ein Mädchen etwa, das lieber ein Junge wäre, weil es dann auf Bäume klettern könnte. Nein, »die stieg einfach auf den Baum.«

All das aber war den Indianern von Wiesbüttel nicht genug. Mehr als nur körperlichen Mut erwarteten sie von dem neu ernannten Sioux-Bandenmitglied. Etwas ganz Bestimmtes, die Lösung eines Rätsels erhofften sie sich von der kleinen Frau. Wissen wollten sie endlich, was ein Mädchen da hat, wo beim Jungen das Ding zum Pinkeln sitzt. Stadtkinder einer Generation, die kaum je ihre Eltern nackt gesehen hatten. Schon lange quälten sie sich mit der Frage nach dem Unterschied, dem zwischen Mann und Frau. Um nichts weniger als die Aufklärung des Rätsels also musste Robert seine Freundin bitten. Ob sie nicht zeigen könne, was da anders ist zwischen den Beinen eines Mädchens und eines Jungen. »Da ging man natürlich zaghaft vor und nicht etwa brutal«, betont er. Als »Gentleman« habe er gehandelt und keinerlei Druck ausgeübt, sie aber schließlich überzeugt. In der Geheimunterkunft der Bande, einem alten Schuppen, kam man überein, sollte Waltraut das Geheimnis lüften, den Geschlechterunterschied am eigenen Körper demonstrieren.

Ein paar Jungen und ein Mädchen also schlichen heimlich in einen halbdunklen, staubigen Schuppen. Gespannt ließen sich die Jungen auf alten Balken und rostigem Gerät nieder und warteten, bis die spätere Lehrerin ihren ersten Unterricht erteilte. Bildlich will Robert Dorn nicht beschreiben, was da geschah, versichert aber, dass das Interesse der Sioux eher voyeuristisch als sexuell war. Um das »Anderssein« sei es gegangen, um die brennende Frage: »Wie sieht's da drunter aus?« Auch von möglichen Doktorspielen distanziert er sich. Nein, nur geguckt hätten sie. Und Waltraut, durfte die auch bei euch gucken? Da soll ich sie fragen, er weiß es nicht mehr.

* Alle Namen geändert

> Wir meinen also, dass wir eine Vermischung beider Triebarten, des Eros mit der Aggression, vor uns haben, und machen nun die Annahme, dass dies Verhältnis vorbildlich ist, dass alle Triebregungen aus solchen Mischungen oder Legierungen der beiden Triebarten bestehen.
>
> *Sigmund Freud*

Das belastet mich noch heute

Erinnert von: Claudia Steinberg, Journalistin

In einer hübschen Gegend der Ruhrstadt Essen lebte Claudia Steinberg mit Eltern und Schwester in der oberen Etage eines schlichten Einfamilienhauses mit Garten. Es gehörte der erzkatholischen und zutiefst konservativen Großmutter, die das Parterre beherrschte. Während die Eltern ungewöhnlich liberal waren, wachte die Oma misstrauisch über Claudia, ihre Schwester und deren Tun, vor allem wenn Jungen beteiligt waren. Schimpfend stand sie hinter der Gardine, wenn die Kinder nur mit Badeanzügen bekleidet im Garten spielten. Das war zu Beginn der Sechzigerjahre, das Leben der BRD noch geprägt vom Spießertum der Wirtschaftswunder-Generation.

Dem Steinberg'schen Haus gegenüber stand, gesäumt von einem gepflegten und einem verwilderten Garten, eine monumentale Villa mit vierzig Zimmern aus rotem Klinker. Den Baldachin am Eingang trugen zwei Karyatiden im heroischen Stil der Dreißigerjahre. Dort hatte früher der

Bürgermeister von Essen gewohnt. Jetzt lebte dort eine Großfamilie mit vielen Erwachsenen aller Generationen und unzähligen Kindern. Claudia liebte dieses Haus, in dem es dunkel war und nach Bohnerwachs roch. Es gab noch einen Stuhl, auf dem angeblich der Bischof gesessen hatte, wenn er den Bürgermeister besuchen kam, aber auch die feuchten Attraktionen einer großen Waschküche. Im Keller befand sich ein ungenutzter Gymnastikraum mit Medizinbällen, Turngeräten und einem Boxring. Dort und in einer ebenfalls brachliegenden Arztpraxis durften die Kinder spielen. Da gab es Scheren, Messgeräte und Skalpelle, so dass sie sich die waghalsigsten Doktorspiele ausdenken und in die Tat umsetzen konnten. Als Claudia vier war, verliebte sie sich in einen gleichaltrigen Spielkameraden, der in diesem Traumhaus lebte. Markus war sehr wichtig für sie, und sie tat alles, um ihm zu gefallen und ihn zu beeindrucken.

Die mir das erzählt, sehe ich zum ersten Mal Anfang der Neunzigerjahre auf einer New Yorker Vernissage: Die Kunst an den Wänden ist langweilig, aber eine aus dem Rahmen fallende Frau fällt mir auf. Staunend betrachte ich ihre raffiniert kombinierten Kleider in erlesenen Farben, die ausgefallenen Schuhe und den kühnen Silberschmuck. Der dunkelrote Lippenstift, den sie dazu trägt, hält nicht lange, weil sie ihn weder beim Küssen noch beim Essen oder Trinken schont. Wir werden einander vorgestellt, und ich erfahre, dass ich es mit der Korrespondentin der *Vogue* zu tun habe, der deutschen Journalistin Claudia Steinberg. Sie schreibt über Schönheit, aber auch über Kunst und Architektur.

Bei unserer nächsten Begegnung erwähnt Steinberg nicht nur den gelungenen One-Night-Stand mit einem Yogalehrer, sondern auch die hoch problematische Beziehung zu ihrer Ex-Freundin. Eine wunderschöne Frau sei das, weit schöner als sie selbst angeblich. Später bei einer von Claudias unvergesslichen Partys sehe ich die Ex-Freundin, eine

Claudia Steinberg

tatsächlich blendend aussehende Person, die das Image einer Femme fatale oder auch Domina pflegt. Ihrer neuen, etwas weniger attraktiven Gefährtin hat die Schöne einen falschen Zopf in die kurzen, dünnen Haare geflochten, sie raffiniert geschminkt und gestylt. Alle Mühe gibt sie sich nun, Claudia mit der Demonstration ihrer Eroberung zu quälen. Die ignoriert die Provokation, tanzt Walzer mit ihrer großbusigen Schwester, die ihr an Lebenslust in nichts nachsteht. Für weitere Ablenkung sorgt die Performance einer schwarzen Striptease-Tänzerin, deren Darbietung der Gastgeberin von einem Freund geschenkt wurde.

Nicht genug kann ich bekommen von den Geschichten, die mir die neu gewonnene Freundin aus ihrem ebenso ereignis- wie risikoreichen Leben erzählt. Wie sie – noch ganz frisch in New York – ihren betrunkenen Freund festhalten musste, als er aus dem Fenster springen wollte. Wie sie daraufhin beide des Landes verwiesen und wieder aufgenommen wurden. Wie sie als Striptease-Tänzerin ins New Yorker Nachtleben eintauchte.

Drastische Schilderungen liefert Claudia auch von ihrer »anarchistischen« Familie in Essen, von ihren lebenslustigen Eltern, deren Feste nie vor Sonnenaufgang endeten. Von sich selbst schließlich als dem kleinen Mädchen, das morgens aufstand und die Treppe hinunterstieg »in diese Rauchschwaden« der vergangenen Nacht hinein. Am Ende der Treppe stand die Mutter noch im Abendkleid, schuldbewusst mit den Worten: »Wir haben durchgehext.« Ebenso aufregend wie die Geselligkeitsexzesse ihrer Eltern fand Claudia die Besuche bei einer jungen Tante, die in ihren engen Kleidern mit Spaghettiträgern wie eine italienische Filmschauspielerin aussah. Die Tante besaß eine Schallplatte mit dem Lied *Der Novak lässt mich nicht verkommen*: Cissy Kraners Song von der Femme fatale, die so viele frivole Ideen hat, aber dank ihres Beschützers Novak doch nie in der Gosse landet. Immer wieder wollte Claudia die Platte hören, obwohl sie nicht richtig verstand, was die Sängerin treiben will. Nur einen »Begriff von Grenzüberschreitung« habe sie gehabt. »Ich hab mir so 'ne Frau vorgestellt, so in 'nem verrauchten Raum. Also verraucht, verrucht, das passte alles so zusammen.« Genau das, was die Oma am schlimmsten gefunden hätte, wahrscheinlich. Ein paar Häuser vom eigenen entfernt, durch mehrere Gartenzäune hindurch, entdeckte Claudia ein Mädchen in ihrem Alter. Die Kontaktaufnahme der beiden begann damit, dass sie sich gegenseitig die Zunge herausstreckten. Dann rief Claudia immer wieder »Mädchen, wie heißt du«, bis sie schließlich ihren Namen erfuhr: Sabine kam dann in den Steinberg'schen Garten, und sie spielten zusammen mit Markus.

Sabine, berichtet Claudia, war »wahnsinnig schön«, schlank und grazil mit langen honigblonden Haaren. Gelegt in dicke Wickler, wurden daraus große, lose fallende Locken. Sie selbst musste die Haare kurz tragen, weil ihre Mutter einst mit gretchenhaften Zöpfen oder gar Schnecken gequält worden war. Der Bubikopf, das war für sie die progressive, die »Bauhaus-Frisur«. Claudia aber wollte Haare wie Sabine. Und als sie irgendwo ein Bild von Bertolt Brecht mit seinem erbarmenswürdig fransigen Haarschnitt sah, wollte sie sterben. Eine »Brecht-Frisur« glaubte sie zu haben, das Gegenteil von romantischen Mädchenlocken. Zu Sabines zarter Gestalt und ihren Haaren als Auslöser von Konkurrenzgefühlen kam ihre körperliche Wendigkeit. Wie die meisten Kinder rannte und tobte Sabine gern, etwas, was Claudia völlig abging. Sie war ein etwas »pummeliges Kind«, besaß »kein wildes Gen«, ganz anders als ihre hoch motorische Schwester, dieses »kleine wilde Tier«. Sie dagegen rannte ungern und hasste Ballspiele, die ihr Kopfschmerzen bereiteten. Viel lieber mochte sie irgendwo ruhig sitzen, malen, Bücher lesen oder in den Himmel gucken. Aus Neid auf die anderen mit ihren ewig aufgeschürften Knien klebte sie sich Pflaster an die entsprechenden Stellen, damit es so aussah, als ob auch sie beim Rennen gefallen wäre. – Hier kommt die Erzählerin auf Sabines Beine zu sprechen. »Wahnsinnig schöne Beine« hatte die, mit einer Eigenschaft, die bis heute zu Claudias Schönheits-Fetischen gehört. »Eine Kniekehle, wo man die Sehnen sieht. Das find ich das Aufregendste an einem Frauenbein.«

Sabines Familie kam aus Süddeutschland, und der Vater war lange in Kriegsgefangenschaft gewesen. Nur schwer konnte er sich in die Gesellschaft der Fünfzigerjahre integrieren. Er litt offensichtlich unter einem Kriegstrauma und tat Dinge, die einem Mann damals als sonderbar ausgelegt wurden. »Ach, der arme Mann«, sagte Claudias Oma, wenn er seiner Lieblingsbeschäftigung, dem Fensterputzen, nachging. Sabines exotischer Akzent und der geheimnisvolle Vater steigerten Claudias Interesse an der Freundin. Sie liebte nun Markus und Sabine gleichzeitig, so dass ein Konflikt kaum ausbleiben konnte.

Markus, glaubte sie, bevorzuge Sabine, weil sie hübscher sei. Die Gekränkte begann Sabine dafür zu hassen und versuchte, sie zu bestrafen. Immer wieder zog sie die vermeintlich Schönere an ihren beneidenswerten Haaren. Und einmal stieß sie die Freundin sogar eine Treppe hinunter. Eine Gemeinheit, gesteht die Journalistin, die sie »noch heute belastet«. Der emotionale Zwiespalt zwischen Eifersucht und tiefer Verehrung aber steigerte sich mehr und mehr und ließ das gebeutelte Mädchen auf noch Böseres sinnen. Claudia, die ihre Fingernägel abzukauen pflegte, ließ einen davon in Ruhe. Er wuchs, wurde lang, hart und spitz wie ein kleiner Dolch. Nie werde sie das Bild vergessen, beteuert sie, wie sie »mit dieser schmalbrüstigen, kleinen Sabine« auf der Steintreppe zum Balkon ihrer Oma stand und ihr »ganz langsam mit dem einen Finger einen Strich über die Brust zog.« Dunkelrot leuchtete dieser Strich auf Sabines heller Haut. Die Rächerin selbst, der das Weinen der Freundin durch Mark und Bein gegangen sein muss, war gänzlich zerstört von schlechtem Gewissen und sinnloser Reue.

Claudias ambivalente Liebe zu ihrer Spielkameradin ging schon früh mit erotischen Wünschen einher, durchaus erfüllbaren damals noch. So gingen die Mädchen gern zusammen aufs Klo oder zogen sich die Hosen aus. Einmal entdeckte die Großmutter die beiden, wie sie mit nackten Hintern unter ihrem Balkon hockten, und machte ein großes Theater. »Sexy« fand Claudia es auch, wenn Sabine sich, was öfters vorkam, in die Hose machte. Eine Mischung aus Schadenfreude und präsexuellem Begehren müsse sie dabei empfunden haben.

Später, als die Freundinnen zusammen in die Schule gingen, bewährte sich Sabine bald als sehr gute Schülerin, mit den besten Noten in allen Fächern einschließlich der Leibesübungen. Claudia war keine Musterschülerin und völlig unsportlich. Kaum zu glauben, denn heute trainiert sie in einem Fitnessstudio, geht joggen und kann sich eines sichtbar durchtrainierten Körpers rühmen. Damals aber neigte sie mehr und mehr zum Introvertierten, während aus Sabine eine begeisterte und erfolgreiche Schlittschuhläuferin wurde. Die Sportunfähige genoss es, wenn die Freundin ihre Pflicht und Kür für die Eiskunst-Meisterschaft im Haus ihrer Eltern auf dem Trockenen vorführte. Noch schöner allerdings war es, wenn sie im Sommer nackt im Garten herumtollte und Rad schlug. Claudia – selbst angeblich »viel zu plump« für solche Übungen – wollte das immer wieder sehen. Nicht nur aus Bewunderung heraus, sondern auch, um ihr dabei zwischen die Beine zu gucken. Sabine habe sicher nichts gewusst von ihren »Hintergedanken«, meint sie heute. Auch hätte sie selbst – sexuell noch völlig ahnungslos – ihre Schaulust kaum erklären können. »Es war ja nichts Unvertrautes, aber ich wollte das eben bei ihr sehen.«

Auch an Markus war Claudia noch interessiert, obwohl er durch die mit der Schulzeit beginnende Distanz zwischen

Anna Steegmann, Rosa von Praunheim, Claudia Steinberg, Ulrike Buschbacher, *Überleben in New York*

Jungen und Mädchen eher in den Hintergrund ihres Lebens getreten war. Da waren aber noch immer die Attraktionen des schlossartigen Nachbarhauses. Im Gymnastikraum inszenierte Markus mit seinen Freunden jetzt Boxkämpfe, an denen auch Claudia und ihre Schwester teilnahmen. Diese konnte fast ebenbürtig mithalten, wusste sich geschickt zu verteidigen und konnte sogar angreifen. Claudia war meist schnell besiegt, genoss aber den physischen Kontakt, wenn sie von den Jungen zu Boden gezwungen und niedergehalten wurde. Raffinierter waren inzwischen auch die Doktorspiele in der alten Arztpraxis geworden. Claudia hatte sich darauf spezialisiert, ein fiktives Kind zu gebären, eine Performance, die die Jungen sehr erregt haben muss. So spannend das alles war, die romantische Beziehung zu Sabine war viel schöner.

Ob sie sich von Sabine wiedergeliebt fühlte, frage ich an diesem Punkt. Auf dem Schulweg, erinnert sich Claudia, gingen sie oft Arm in Arm. Sehr zur Belustigung der Mitschüler, die ihnen »verliebt, verlobt, verheiratet« nachschrien. Also muss Sabine sie gemocht haben, schließt sie daraus, kann sich aber vor allem an ihre eigene Sehnsucht erinnern, die sie für unerfüllbar hielt. Vielleicht, weil Sabine die Schönere war, derer sie sich »nicht würdig« fühlte. Das, fügt Steinberg hinzu, wiederholte sich später im Leben. Lange Zeit verliebte sie sich nur in heterosexuelle Freundinnen, um sich dann ihrer zärtlichen Zuneigung und der sexuellen Wünsche zu schämen. Das Bedenken, »eine schöne Freundschaft zu beschmutzen«, und auch einfach die Angst, abgewiesen zu werden, waren allgegenwärtig.

Seit den Tagen mit Sabine wusste Claudia Steinberg, dass sie auch Frauen lieben würde, bekannte sich aber erst mit achtundzwanzig Jahren dazu. Dem Coming-out voraus ging ihr Entschluss, in New York zu leben, und eine Phase bohemisch-ausschweifenden Lebens, geprägt vom Umgang mit exzentrischen Charakteren, zahlreichen Affären, unglücklichen Liebschaften, Unmengen von Zigaretten und vielen Drinks. Der Broterwerb als Striptease-Tänzerin in fantastischen, selbst geschneiderten Kostümen passte zu ihrem Bedürfnis, »die Wahrheit« und das »Drastische« des Lebens außerhalb der bürgerlichen Schonräume zu erfahren. Aber als hätte es einen Novak als Schutzengel gegeben, der sie vor dem Schlimmsten bewahrte, endete diese Zeit der Identitätssuche mit ihrer ersten lesbischen Beziehung. Die Immigrantin gab die Nachtlokal-Jobs auf, arbeitete als Assistentin des erblindeten Exilschriftstellers Hans Sahl und begann ihre Laufbahn als Journalistin, die sie zur Autorin immer anspruchsvollerer Zeitschriften und Zeitungen werden ließ, einschließlich der *New York Times*. Sie verfasste das Drehbuch für Rosa von Praunheims legendären Film *Überleben in New York*, in dem sie als eine der drei Protagonistinnen auftritt. Außerdem gewöhnte sich Claudia das Rauchen ab, begann sportlich und gesund zu leben. Vor einigen Jahren fand sie die Liebe ihres Lebens, mit der sie gerade ein Sommerhaus einrichtet. Die ist es, versichert Steinberg, die von all ihren Freundinnen Sabine am meisten gleicht. Wegen der Perfektion auch ihrer Kniekehlen und ihrer honigblonden »Mähne«.

Als die Kinderfreundinnen acht Jahre alt waren, kehrte Sabines Familie nach Süddeutschland zurück. Claudia ging zu ihr, um sich zu verabschieden. Beide sehr traurig, sprachen sie kaum miteinander. Claudia kämpfte mit den Tränen und schämte sich dafür. Erst als Sabine schon im Auto saß, begann die Verlassene zu weinen. Als der Wagen dann um die Ecke bog, rannte sie, so schnell sie konnte, nach Hause. Vielleicht habe der Vater noch gehupt, versucht sie sich zu entsinnen. Sie aber rannte und rannte wie auf der Flucht vor den eigenen Gefühlen, die sie als Schwäche empfand. »Tapfer« wollte sie doch sein, so wie die Jungen wohl, diese kleinen, harten Möchtegern-Indianer, die in den Sechzigerjahren noch lange nicht ausgestorben waren. Laut lacht Claudia bei der Erinnerung daran auf, sieht aber aus, als ob sie gleich weinen müsse. Das Bild von sich selbst als dem Kind, das seinen Kummer verstecken will, sagt sie bewegt, wirke noch immer mit überwältigender Intensität aus ihrem Inneren. »Ich habe so viele Jahre nicht darüber nachgedacht. Aber, wenn ich das jetzt erzähle, dann klopft mir das Herz.«

»Die Katze Erinnerung, wie du sagst.« – »Ja. Unabhängig, unbestechlich, ungehorsam. Und doch ein wohltuender Gesell, wenn sie sich zeigt, selbst wenn sie sich unerreichbar hält.«

Uwe Johnson

Der dunkle Wald

Erinnert von: Gregor Cürten, Maler

So eine tiefe Liebe, die erste Liebe zur Mutter. Mir ist es nicht vergönnt gewesen, dieses Gefühl.« Das sagt der Maler Gregor Cürten. Erst spät, mit über vierzig Jahren, fiel ihm der Mangel auf, als eine Bekannte von dem Glück sprach, das sie empfand, wenn die Mutter sie auf den Schoß nahm und streichelte. Er selbst kann sich nicht erinnern, jemals auf dem Schoß seiner Mutter gesessen zu haben. Dafür aber gab es Christa. Christa die Kinderfreundin, Christa, die »erste große Liebe« schon ganz früh im Leben. »Geborgenheit und Schutz.« Christa, »eine Zentralerscheinung in diesem großen Kosmos der Liebe.«

Das Atelier in Berlin-Moabit hat hohe weiße Wände, Jugendstil-Stuck an der Decke, sorgfältig abgezogene Dielen und das Grün dichter Bäume vor dem Fenster. Fast zu schön für eine Werkstatt, wären da nicht die verstörenden Bilder des Gregor Cürten nach Vorlagen von Fotos aus den Fünfzigerjahren. In kaltem Blaugrün oder düsteren Braun- und Grautönen zeigen sie, die Umrisse verwischt, Menschen mit Gesichtern zum Fürchten.

Cürten sieht gut aus für seine zweiundsechzig Jahre. Das Gesicht ist unverkommen, die Ausstrahlung vital. Schon bei unserer ersten Begegnung sprach er von seiner Kindheit in der Adenauer-Ära, der Kunst, die daraus entstand, und von seiner Vergangenheit als Alkoholiker. Kaum zu glauben, dass dieser Mann einst stark getrunken hat. Jetzt stellt er ein Bild auf, das er extra für mich hervorgeholt hat, *Vater und Sohn*. Es zeigt Kühler und Frontscheibe eines Autos. Darin, halb verdeckt vom Lenkrad, das Gesicht eines Knaben, das Angst und Hilflosigkeit verrät. Draußen vor dem Auto steht der Vater, die Hand am Türgriff. Eine mächtige Erscheinung mit strengem Blick aus starren, grausamen Augen.

Wo denn das Portrait seiner Kinderfreundin Christa ist, das er am Telefon erwähnte, will ich wissen. Es ist verkauft, bedauert der Maler. Ich kann es aber in seinem Katalog *Eben Bilder* sehen, der neben anderen Werken die Serie *Kindheiterkeit* dokumentiert. Fasziniert blättere ich darin herum und bleibe bei einem Bild namens *Doktorspiele* hängen. Es zeigt zwei eng nebeneinanderstehende Buben mit nach unten geneigten Köpfen und dem Ausdruck geheimen Übeltuns im Blick. Ganz anders Christa, deren Portrait ich jetzt gefunden habe. Versonnen und etwas traurig schaut sie ins Weite. Ihr Haar ist als »Bubikopf« geschnitten, und sie trägt ein Oberteil mit spitzem Kragen. Obwohl es hübsch ist, könnte man ihr Gesicht für das einer Vierzigjährigen halten. Züge eines Kindes und einer reifen Frau zugleich, einer Frau, die gelitten hat, so scheint es mir.

Schon mit vier waren Gregor und Christa ganz eng befreundet. Jeden Tag trafen sie sich zum Spielen, gingen später zusammen zur Schule und blieben, bis sie zehn waren, ein Paar. Sie lebten in Odenthal, einem Dorf mit Fachwerkhäusern und einer gotischen Pfarrkirche, im Bergischen Land. Christa war schön, sagt Cürten, und sie wohnte nicht weit von ihm in einem großen, schönen Haus im Stil der

Gregor Cürten: *Portrait Christa M. 1957.* 2010, Eitempera und Enkaustik auf Büttenpapier, 54 x 38 cm

Zwanzigerjahre. Ein dunkler, geheimnisvoller Garten mit riesigen Tannen umgab das Gebäude, ein Wald fast, durchsetzt mit Bambusrohr und anderen exotischen Gewächsen. In diesem »Wald« verbrachte Gregor die glücklichste Zeit seiner Kindheit. Christa, erinnert sich der Maler,

Gregor Cürten: *Doktorspiele ohne Jahr.* 2000, Eitempera und Enkaustik auf Baumwollgewebe, 150 x 120 cm

war ein »unglaublich guter Freund«. Ihre Beziehung zeugte von »tiefer Verlässlichkeit«. Es verband sie aber auch, versucht er zu erklären, eine »Form von kindlicher Depression«, bedingt vielleicht durch die »romantische Schwere«, die von Christas Umgebung ausging. Der »dunkle Wald« mit seinen Verstecken und Geheimnissen. Eine Schwere, die die Liebe noch intensiver werden ließ, ein »tiefes Gefühl von Leben«.

Christas Vater – ein Industrieller, wie Cürten vermutet – lebte nicht mehr. Die alleinstehende Mutter war wohlhabend und attraktiv, eine »Lebedame« mit viel Kultur und Geschmack. Es gab einen Flügel im Wohnzimmer, echte Kunst an den Wänden und Skulpturen auf Podesten. Sie selbst beschreibt er auf einem dunkelrot-samtenen Sofa sitzend, mit schwingenden Ohrringen, rot bemalten Lippen, einer Zigarette in der einen, einem Glas Rotwein in der anderen Hand. »Frau Toni Müller«, sagt Cürten langsam, »jetzt kommt es gerade.« »Was kommt?«, frage ich, und er sagt, der Name Toni, der sei ihm eben erst wieder eingefallen. Christa, fährt er fort, die durfte ihre Mutter Toni nennen. So liberal ging es bei den Müllers zu. Nicht einmal in die Kirche gingen die.

Ganz anders Gregors Eltern, streng katholisch, CDU-Anhänger und immer darum besorgt, »was die Leute denken könnten«. »Das waren die Fünfzigerjahre, das war dieser Extremstress.« Der Vater war Vertreter und Prokurist einer Spirituosen-Firma. Das Haus, das er gebaut hatte, war nicht nur viel kleiner und enger als das von Christas Mutter, sondern auch, betont der Sohn, von großer Scheußlichkeit. Ein Bau – ich sah ihn später auf einem Foto –, stereotyp für den Durchschnittsgeschmack seiner Zeit. Das geziegelte Spitzdach, die aufklappbaren Holzfensterläden, der Regenschutz über der Eingangstür und die mit Schmiedeeisen vergitterten Fensterchen daneben, alles tief durchdrungen von deutscher Nachkriegs-Wohlanständigkeit. Die Motivtapete mit Palmen im Wohnzimmer muss fast gewagt gewesen sein, entschärft allerdings durch die alles dominierende Madonna an der Wand über dem Esstisch. Sein Kinderbett, erzählt Cürten, stand unter einer schrägen Wand, und er schrie monatelang, gequält von der Angst, dass die Decke auf ihn fallen könnte. Obwohl mein Interviewpartner zu denen gehört, die das Bedürfnis haben, ihre Geschichte zu erzählen, kann er zunächst nur schwer von seiner Familie sprechen, wie sie damals war. Lieber lässt er mich erst wissen, was ihm vor ein paar Jahren am Totenbett der Mutter widerfuhr. Er hielt die Hand der Frau, die ihn nicht lieben konnte, liebte sie plötzlich, fühlte sich geliebt und empfand Mutterliebe, zum ersten Mal im Leben.

Jetzt ist der Bann gebrochen, und Cürten beschreibt den unglücklichen Teil seiner Kindheit anhand von Beispielen: Da war der kleine grüne Trachtenhut, den er zu Weihnachten geschenkt bekam und den er hasste. Erst mit The Selecter und anderen Ska-Gruppen der Achtzigerjahre sei so etwas wieder in Mode gekommen, als er das einstige Spießeremblem längst weggeschmissen hatte. Damals also setzte Gregor den »Idiotenhut« folgsam auf und verließ damit das Haus. Sobald er im Schutz einer Buchenhecke außer Sichtweite der Eltern war, riss er sich das Ding vom Kopf und verbarg es unter der Achselhöhle. »Und als Kleiner sehe ich mich mit zugekniffenem Arsch durch die Gegend schieben mit einem Hut unter dem Arm. Das ist doch grauenhaft, oder?« Die zweite Episode trug sich an einem Sonntag zu, als er mit seinem Bruder im Garten Federball spielte. Der Vater rief beide ins Wohnzimmer. Auf dem Esstisch hatte er zehn Jerry-Cotton-Hefte ausgebreitet, die er in Gregors Schultasche gefunden hatte. Da er selbst keine »Schundliteratur« kaufen durfte, hatte der Junge die Heftchen von einem Freund geliehen. Der Vater packte das Corpus Delicti zusammen und schlug es dem Sohn um die Ohren. Dann zwang er den Gedemütigten, ihm in den Heizungskeller zu folgen und die geliehenen Comics zu verbrennen.

Kein Wunder also, dass Gregor und Christa nie in seinem Elternhaus zusammenkamen, sondern immer nur in Frau Toni Müllers Wohnzimmer oder in ihrem sanft beschatteten Garten. Dort war es auch, wo sie wichtige Erfahrungen sammeln konnten, auf gemeinsamen »Entdeckungsreisen« hinein ins Land der Großen. So wie an der hohen Tanne beispielsweise, vor der Christa und Gregor einmal zusammen standen, weil er ihr etwas zeigen wollte. Entschlossen nahm er seinen Schwanz, pisste in einem schönen Bogen an den Baum und sagte: »So geht das mit dem Pinkeln.« Christa versuchte es auch und scheiterte. Eine Enttäuschung für beide vielleicht, aber von nun an wussten sie vom Unterschied zwischen männlichem und weiblichem Urinieren. Wichtig war auch das heimliche Experiment am Sankt-Martins-Tag. Da verkaufen die Bäcker im Bergischen Land die traditionellen Milchweckmännchen mit kleinen Tonpfeifen im Mund. Gregor und Christa sammelten diese Pfeifchen, füllten sie mit den spuckeweichen Zigarrenstummeln aus Vater Cürtens Aschenbechern, brachten sie zum Brennen und pafften tapfer, nur um zu wissen, was den Erwachsenen daran gefällt. Auch zu Doktorspielen muss es gekommen sein, meint der Zurückblickende, im Garten wahrscheinlich. »Es war warm, es war Sommer, es war dunkel. Und es macht unheimlichen Spaß, mich auch daran zu erinnern.«

Jetzt kommt Cürten auf sein Klassenfoto zu sprechen, das er mir vor dem Interview zugemailt hatte. Siebenundzwanzig Kinder, die – wie man einer von einem Mädchen in der ersten Reihe hochgehaltenen Schultafel entnehmen kann – 1954 eingeschult wurden. Ein bebrillter Lehrer im Anzug mit Krawatte. Die Mädchen in Trachtenjäckchen zu Faltenröckchen oder Kragenkleidchen. Alle in Kniestrümpfen, ein paar noch mit Zöpfen und Schleifen, mehrere mit einer gedrehten Tolle oben auf dem Kopf. Einzig die mit geschlossenem Mund und zugekniffenen Augen lächelnde Christa trägt den modernen »Bubikopf« oder, wie Cürten es nennt, eine Prinz-Eisenherz-Frisur. Die Jungen haben Scheitelfrisuren, stecken in Lederhosen und Trachtenpullovern. Gregor steht neben Christa, das Haar mit einer kleinen Spange aus der Stirn gehalten, lächelt glücklich und blickt stolz auf die Freundin. »Wir grinsen beide bescheuert«, hat er heute dazu zu sagen, »aber ich merke mir eine gewisse Zufriedenheit an, die ich dann sehr bald verlor.«

Das geschah einige Jahre später, als Gregor und Christa zusammen von der Odenthaler Volksschule auf ein Gymnasium in Bergisch Gladbach überwechseln sollten. Christa aber fiel durch die Aufnahmeprüfung, und die Mutter schickte sie auf ein Mädchenpensionat in Opladen. So endete die frühe Zweisamkeit, und Gregor verlor den einzigen Menschen, von dem er sich als Kind geliebt fühlte und auf den er sich verlassen konnte. Ob er sich an den Abschied erinnert, frage ich und muss an Ulrich, meine eigene erste Liebe, denken. Ja, sagt er, an eine Situation im Regen. Das könne aber auch die berühmte Szene aus *Casablanca* sein, die Stimmung zumindest vergleichbar. »Christa mit einem Koffer ins Internat fahrend. Ich zurückgenommen, kein aktiver Teil, so eine Rolle, die ich dann folgerichtig später übernommen habe.«

Ohne Christa und das »tiefe, intensive Gefühl«, das ihn an sie band, verlor Gregor jeglichen Halt. Nach ihrer Abreise bekam er erst eine Leberschwellung, dann Asthma und andere Krankheiten. Wegen des Asthmas wurde er vom Sport befreit, entwickelte sich zum Außenseiter und bald auch zum Schulversager. Früh schon begann er seine Probleme mit Alkohol zu bekämpfen. Das Asthma legte sich, nicht aber der beginnende Alkoholismus, der den Heranwachsenden stumpf machte gegen den Schmerz, der von der Kindheit blieb. Genaueres verbarg jahrzehntelang ein »Erinnerungsloch« oder ein »Dunkelbereich« von mindestens drei oder vier Jahren, beginnend mit der Trennung von Christa. Als Cürten seinen Bruder fragte, was während dieser Zeit geschehen sei, ob es vielleicht Geheimnisse in der Familie gab, die er dann verdrängt habe, antwortete dieser verblüfft: »Wie, das weißt du nicht, da war der Vater doch jeden Abend besoffen.« Meine Frage, ob nach der vergessenen Zeitspanne eine neue Etappe seines Lebens begann, verneint Cürten. 1957 setzte die »große Finsternis« ein, die die Jahre danach fast vollständig und auch einiges, was davor war, verhüllte. Die erinnerungslose Zeit, versucht er zu erklären, ging dann nahtlos über in seine Zeit als Uhrmacherlehrling, Kunstschüler in Düsseldorf bei Joseph Beuys, Künstler und Familienvater, immer begleitet vom Alkohol. »Ein ganz langer Prozess, so eine ewige Pubertät, auch so eine Verantwortungslosigkeit.« Alles, auch wenn er es nicht darauf reduzieren will, eine Folge des »Verlassenwerdens« und »Verlassenseins«.

Noch immer kann ich mir meinen Gesprächspartner nicht als Säufer vorstellen, diesen souverän wirkenden, hoch aktiven Mann, erfolgreich nicht nur als Künstler, sondern auch als Grafiker, Radioautor, Ton- und Kameramann. Was für ein Mensch er denn damals war, frage ich vorsichtig. Er sei noch heute Alkoholiker, erklärt der Leidgeprüfte. »Sobald ich einen Tropfen zu mir nehme, gibt es kein Halten mehr.« Rumgebrüllt habe er im Suff und Leute niedergemacht, auch eine ebenfalls stark trinkende Freundin angegriffen, als die mit einer Schere auf ihn losging. Ihren Anfang nahm die Krankheit auf ersten Partys im Teenageralter. Da wusste Gregor immer, wo Wein, Bier oder Schnaps standen. Unbemerkt fand er seinen Weg dorthin und betrank sich, so schnell er konnte, immer heimlich und ohne jede Freude am Rausch. Nie sei es um Genuss gegangen, sondern immer »ums Abdichten«. Er wollte nichts spüren.

Den Höhepunkt seiner Sucht markiert ein Vorfall von 1981. Cürten lebte damals als Stipendiat des bekannten Kunstzentrums PS1 in New York in einem großzügigen Atelier. Seine Exfrau mit den zwei Söhnen war zu Besuch, und er hatte den Gästen erklärt, dass sie nie ohne mindestens zwanzig Dollar in der Tasche herumlaufen sollten. Bei einem möglichen Überfall könne der Räuber sonst böse und gewalttätig werden. Gregor selbst betrank sich am selben Abend in der *Red Bar*, einer beliebten Künstlerkneipe der

Lower East Side. Als er spät in der Nacht nach Hause kam und gerade die Tür aufschließen wollte, kam jemand von hinten und setzte ihm ein Messer an den Hals. Normalerweise hätte er dem Kleinkriminellen sein Bargeld gegeben, und dieser wäre damit abgezogen. Cürten aber hatte alles in der Kneipe ausgegeben, nicht einmal Kleingeld war bei ihm zu holen. Der ohne Beute Ausgegangene rächte sich daraufhin mit einem Messerschnitt vom Ohr bis zur Kehle. Eine falsche Bewegung von Cürtens Seite hätte den Tod bedeuten können, aber er war zu betrunken, um sich auch nur zu fürchten. Mechanisch betrat er sein Atelier, versuchte, die anderen nicht zu wecken, und legte sich ins Bett. Als er einschlief, begann das Blut aus der Wunde zu schießen wie ein Springquell. Er stürzte ins Bad und wickelte ein Handtuch um den Hals, das sich augenblicklich mit Blut vollsog. So fanden ihn die Verwandten.

Sechs Jahre später gelang Cürten der Entzug. Er stabilisierte sich, wurde, wie viele sagen, ein anderer Mensch und brach zu neuen kreativen Ufern auf. Das Thema Fünfzigerjahre stand jetzt im Vordergrund, und er begann seine Kindheit künstlerisch zu erfassen. Das Fotoalbum, das ihn die Mutter einst anlegen ließ, war noch da, und er griff begierig nach den gelbstichigen Bildchen mit Zackenrand. Er malte das Vater-und-Sohn-Bild, sich selbst nach einem Ball springend, das Portrait eines verklemmt durch quadratische Brillengläser äugenden Schulfreundes, das eines Nachbarsmädchens namens Resi und schließlich Christa. Tiefer und tiefer tauchte der Künstler in die Vergangenheit ein, und Erinnerungen aus den Jahren des Dunkelbereichs tauchten auf, wie wenn der Pinsel zum Zauberstab geworden wäre, der Vergessenes zurückholen kann. Zwei uralte und besonders haltbare Maltechniken wählte er für diese Bilder: Eitempera, die Farbe der Ikonen, und Enkaustik, das Versiegeln der Farbe mit Wachs, schon von den alten Ägyptern für ihre Mumienbilder benutzt. Ob er die neu gewonnenen Erinnerungen für die Ewigkeit bewahren wollte, frage ich. Wahrscheinlich, meint er, und schildert das, was damals wiederkam.

Es ist finster und beklemmend, der kleine Gregor liegt im Bett, wacht auf und hört, wie die Eltern sich vor seiner Tür anschreien, weil der Vater mal wieder volltrunken ist. Oder, ein ruhiges Halbdunkel: Christas schöne Mutter mit dem Weinglas und der Zigarette auf dem bordeauxroten Sofa vor dem Klavier. Die großzügige Dame von Welt, deren Haus und Garten ihm so viel bedeuteten, ist wieder da, nachdem sie vierzig Jahre aus seinem Bewusstsein gelöscht war. Ein »Geschenk« sei das gewesen, sagt der Maler, als er sie plötzlich sah oder die Eltern vor seiner Tür brüllen hörte.

Die vielen Fotos des Kinderpaares im Album schließlich – »mit Christa im Schnee, auf dem Sofa, bei einem Geburtstag, immer wieder Christa und Gregor« – weckten den Wunsch nach einem Wiedersehen und den Austausch von Erinnerungen. Ob sich Christa vielleicht nicht an den »dunklen Wald«, sondern an die »lichte Wiese« erinnern würde? Was wohl aus ihr geworden ist, fragte sich Cürten und begann zu fantasieren. Dann rief er seinen Bruder an und bat ihn herauszufinden, was die Freundin heute macht und wo sie lebt. Zwei Wochen später kam der Bruder als Bote trauriger Nachrichten. Christa besuchte eine Dolmetscherschule, wurde Fremdsprachenkorrespondentin und Simultanübersetzerin. Sie wurde aber auch Alkoholikerin und nahm sich mit nur einundvierzig Jahren das Leben.

Cürten verzichtete auf weitere Nachfragen oder Recherchen. Er dachte sich sein Teil, und das war schlimm genug. Warum wird einer Alkoholiker? Weil er vom Vater genetisch belastet ist? Warum dann aber er und nicht der Bruder? Warum begann Christa zu trinken? Immer wieder sah er ihre Mutter vor sich, mit dem Glas, in dem der Rotwein funkelte. Der Sohn des heimlich trinkenden Biedermanns und die Tochter der fröhlichen Trinkerin, prädestiniert für ein ähnliches Schicksal? Es gibt keine Zufälle, meint Cürten, sondern einen Plan, dessen »scheinbare Unentrinnbarkeit« man aber auch überwinden könne. Er selbst fühlt sich heute wie in einem anderen Film. Alles, was bisher vorgesehen war, kann er jetzt in einem »neu gewonnenen Leben« auch »anders realisieren«.

Damals aber, konfrontiert mit der furchtbaren Wahrheit von Christas Selbstmord und überwältigt von den psychologisch offensichtlichen Zusammenhängen, hielt er nicht stand. Christa aus dem Leben getreten, aus dem eigenen und aus seinem zum zweiten Mal, das trieb den Verlassenen noch einmal der Sucht in die Arme. Fünf Jahre lang, stärker noch als vorher, bis zu einem Punkt, wo die Alternative »Verrecken oder Aufhören« unausweichlich war. Dann schließlich, bekennt er, half ihm das Wissen um Christas Selbstmord, denn so enden, das wollte er nicht.

Jetzt erst traue ich mich, nach dem inspirierenden Fotoalbum zu fragen, das zu zeigen mir Cürten versprochen hat. Ja, es hat sich trotz eines gerade überstandenen Umzugs gefunden. Ein Buch mit blauem Einband, innen schwarzen Seiten und jenem transparenten Schutzpapier, unter dem man die Fotos wie hinter Storevorhängen zunächst nur ahnen kann. Der Inhalt aber ist unvollständig, Lücken klaffen fast auf jeder Seite. Von den fehlenden Bildern zeugen nur die aufgeklebten Einsteckhalterungen und die von Gregor selbst in Schönschrift hinzugefügten Legenden. Die zum Malen benutzten Fotos nämlich hat er in einem extra Ordner aufgehoben, der noch nicht wieder aufgetaucht ist. Ich muss also mit ein paar Kleinkindfotos meines Protagonisten, Gruppenfotos mit Frauen in wadenlangen, wahrscheinlich blau-weiß geblümten Nachkriegskleidern und einem Vater-Mutter-Kind-Dokument vorliebnehmen. Auf Letzterem ist Gregor am Tag seiner ersten Heiligen Kommunion zu sehen. Er trägt ein schwarzes Mäntelchen und verzieht den

Mund zu einem gequälten Lächeln. Hinter ihm eine säuerlich dreinblickende Frau, die linke Hand an ihres Sohnes Rücken, wie um ihn vorzuzeigen oder vorwärts zu stoßen. Auf der anderen Seite ein breitschultriges Mannsbild der Adenauer-Ära in sehr aufrechter Haltung, die Haare wie mit dem Lineal gescheitelt, den wahrscheinlich enormen Bauch unter einem Zweireiher kastenförmig vertuscht. Seine rechte Hand ruht fest auf Gregors Schuler, eine Geste absoluter Herrschaft. Der Sohn dazu: »Damals hat er schon stark getrunken.«

Weder von seiner früheren Frau noch von anderen Lebensgefährtinnen mag Cürten viel erzählen, denn jetzt gibt es nur noch Rosa. Die ist es, versichert er, die Christa am ähnlichsten ist. Gern und zärtlich spricht er von dieser Frau, einer Kunstgeschichtlerin, mit der er zusammenlebt. Auf wunderbare Weise sogar hat der Anfang dieser Beziehung etwas mit Christa zu tun: Sie sahen sich zum ersten Mal bei der Eröffnung einer Einzelausstellung des Malers in Frankfurt. Rosa begeisterte sich sofort für seine Bilder und kaufte eins aus der Serie *Kindheiterkeit*. Diesem Portrait eines Nachbarsmädchens hatte ein bei Christas Geburtstag aufgenommenes Foto zur Vorlage gedient. Ob ich das Bild sehen will, fragt mein Gastgeber und führt mich in die Wohnung nebenan, wo er mit Rosa wohnt. An einem Ehrenplatz hängt dort *Resi B.*, die Christas Schwester sein könnte. Oder hat er eine Mischung aus beiden gemalt? Ich meine sogar, Christas zugekniffene Augen von dem Klassenfoto wiederzuerkennen. Auch Resi ist scheinbar zu alt für ihr Alter, nur durch Frisur und Kragenoberteil als Kind der Fünfzigerjahre zu erkennen. Hinter ihrem Kopf, als Bild im Bild, das Portrait eines Mannes, der mich an den Künstler erinnert. Sein linkes Auge fixiert den Betrachter skeptisch, fast scharf, während das rechte wie in Nebel gehüllt ist. Nein, das ist kein Selbstbildnis, sondern die Kohlezeichnung eines Unbekannten, die über dem Sofa von Christas

Mutter hing, erfahre ich. Rosa jedenfalls kaufte *Resi B.*, und nicht viel später waren Gregor und Rosa ein Paar.

Vielleicht ist der Bezug zu Christa nur eine Konstruktion, überlegt Cürten, so wie all seine Erinnerungen auch Fantasien sein könnten. Außerdem ist er im Leben noch nirgendwo endgültig angekommen, will noch viel erleben und viel malen. »Aber«, so sein abschließendes Statement, »ich habe den Wald wiedergefunden, in dem ich damals gespielt habe.«

Ich wurde nicht bloß ein bekennender Homosexueller, sondern ein unverkennbarer. Nicht nur Bekannten, sondern auch Fremden gegenüber stand ich zu meiner Veranlagung. Ich wurde meine eigene *cause célèbre.*

Quentin Crisp

Wir hatten 'nen Hausmeister

Erinnert von: Dirk Bach, Schauspieler

Nichts sei mehr da vom politischen Engagement und den Aktivitäten vergangener Jahrzehnte. All die wertvollen Erfahrungen, die er – aufgewachsen in »dieser Glückseligkeit der Siebzigerjahre« – sammeln konnte, fehlten den jungen Menschen heute. So der Comedy-Star Dirk Bach. Was auch immer er von seiner Kindheit und Jugend und von seinen frühen erotischen und romantischen Regungen erzählt, es ist eine Eloge auf die späten Sechziger- und die Siebzigerjahre. Ein Loblied auf die innovative Atmosphäre jener Zeit, auf die Offenheit der Diskussionen und auch auf seine mehr als liberalen Eltern, die fast alles guthießen, was er tat. Kaum im Gymnasium, schrieb Dirk für die Schülerzeitung *Der Knüppel* einen Artikel zum § 175. Mit vierzehn wurde er auf einer Demo gegen den § 218 verhaftet, und mit fünfzehn bekannte er sich zum Schwulsein.

Dreißig Jahre später beklagt der Komiker den politischen und sexualpolitischen Konservatismus, ereifert sich über die neue Prüderie und muss wehmütig an jene »gloriosen Tage mit Papa in der Badewanne« denken, damals, als Nacktheit kein Tabu mehr war. Heute dagegen, sagt er zornig, muss man wieder Angst haben, entsprechende Fotos zum Entwickeln zu bringen, weil dann der Vater womöglich als Kinderschänder angezeigt wird. Verhüllen müsse man sich jetzt wieder, »eine Burka überstülpen« am besten. Das erschüttere ihn. Der oft als harmloser Witzbold gehandelte Schauspieler, der sich nicht scheut, das zeitgeistige *Dschungelcamp* zu moderieren, überrascht mit unverblümten Statements. In den späten Siebzigerjahren, sagt er ohne zu zögern, habe die Polizei den einen oder anderen »Terroristen« erschossen, für Dinge, die er und seine Freunde auch getan hätten, »jung, sehr aufgebracht und sehr wach« jeglichem Unrecht gegenüber, wie sie waren. Er sei kein RAF-Sympathisant gewesen, aber das Aufwachsen im deutschen Herbst habe sein Bewusstsein bis heute geschärft.

Das erste Mal sah ich Dirk Bach im Sommer 1997 in New York. Meine Freundin Maren Kroymann teilte mir mit, dass wir von einem Schauspielerkollegen, der gerade zum Comedy-Star aufsteige, für einen exklusiven Abend eingeladen seien. Er werde uns in einem Auto mit Chauffeur abholen, in eine Broadway-Show führen, dann nach Brooklyn fahren und uns ins legendäre *River Café* zum Abendessen einladen. Muss ein Angeber sein, sagte ich mir und wählte ein Kleid vom Flohmarkt. Als ich zu Maren ins Hotel kam, war unser Gastgeber schon da. Ein agiler Mann von Mitte dreißig, der neben der großen, schlanken Maren noch kleiner und dicker wirkte, als er war. Eine Erscheinung, deren Rundheit an Platos glücklich gepaarte Kugelmenschen des goldenen Zeitalters denken lässt, vor ihrer Trennung in zwei Hälften durch das Schwert des Zeus. Sommerlich elegant war Dirk Bach gekleidet, in Weiß und Hellbeige, mit einer seidenen Weste und schönen hellen Schuhen. Ein liebenswürdiger Mensch, nichts von Angeberei oder Starallüren. Sein neuer Freund, teilte er uns mit, werde erst später dazukommen. Theater interessiere den überhaupt nicht.

Vor dem Hotel stand eine weiße Stretchlimo, das für New York typische Fortbewegungsmittel lateinamerikanischer oder mafiöser Brautpaare. Mit einem süffisanten Lächeln bedeutete uns Marens Kollege, dass dies sein Mietwagen war. Das muss er satirisch meinen, dachte ich beim Einsteigen. Die Hochzeit zweier schwul geouteter Promis, ergänzt durch die Komik ihrer körperlichen Ungleichheit vielleicht? Dazu würde auch das *River Café* passen. Wegen seiner romantischen Lage am Fuß der Manhattan Bridge, mit atemberaubendem Blick auf die Skyline, gilt es als besonders geeigneter Ort für romantische Dates mit Heiratsantrag. Während wir am Broadway ein Theaterstück sahen, musste der Chauffeur mit dem krankhaft langen Auto in den Straßen Manhattans herumfahren, weil er nirgendwo hätte parken können. Von der Fahrt nach Brooklyn gibt es Fotos. Mit Sektgläsern in den Händen sitzen Maren und ich Dirk und seinem Freund Thomas gegenüber und lachen etwas verzerrt. Vor dem Nobelrestaurant war genug Platz zum Abstellen der Limo, und Dirk schoss noch ein paar Fotos mit dem monströsen Gefährt im Hintergrund. Auch auf denen sind wir nicht viel schöner. Nur Thomas, ein kräftiger junger Mann in einem schwarz-weiß gestreiften Overall, sieht blendend aus. Beim Essen sprachen wir über das Stück, das wir gesehen hatten, Dirk Bach und Maren Kroymann von ihren eigenen Rollen und ihrer beruflichen Entwicklung. Thomas, der Theatermuffel, sagte nur wenig. Mit unserem Gastgeber selbst kam ich leicht ins Gespräch, besonders, als es um Kindheit und Schule ging. Ich outete mich als Schulversagerin, er erwähnte mehrmaliges Sitzenbleiben und unbotmäßiges Verhalten den Lehrern gegenüber.

»Alles, was man damals erkämpft hat, mit sexueller Revolution und so, das ist durchaus richtig, und an dem muss man auch festhalten«, erklärt Dirk Bach kategorisch. Wir sitzen in meiner New Yorker Wohnung. Mein Gegenüber hat sehr gute Laune, kommt gerade aus Florida, wo er mit Thomas Ferien gemacht hat. 1997, erfahre ich erst jetzt, haben die beiden in einer damals juristisch noch nicht anerkannten Zeremonie geheiratet. So hatte die »Ritter auf weißem Pferd«-Symbolik des Stretchlimo-Abends also Thomas und nicht Maren gegolten, fährt es mir durch den Kopf, war weniger satirisch gemeint, als ich dachte. Dirk sieht nicht anders aus, als ich ihn von unserer ersten Begegnung her in Erinnerung habe. Thomas aber, der, während ich das Interview führe, im East Village spazieren geht, hat etwas Raubeiniges bekommen, wirkt männlicher. Er interessiert sich für Heavy-Metal-Bands, finde ich diesmal heraus.

Seine Eltern hatten Dirk früh und gründlich aufgeklärt; wahrscheinlich, meint er, schon von dem Moment an, als »das Kleinkind sich zu interessieren« begann. Was ihn in der Pubertät erwarten werde, hatten sie ihm erklärt, was Homosexualität ist, was Pädophile sind und auch, wie sich Sexualität in etwas Negatives verkehren kann. Auch die Oma muss unkonventionell gewesen sein. Der Schauspieler erinnert sich, kaum achtjährig mit ihr zusammen eine der ersten Fernsehsendungen zum Thema Homosexualität gesehen zu haben. Und als er in der zweiten Klasse den gerade erst eingeführten Aufklärungsunterricht genoss, da wusste er schon alles. In der Grundschule war der schon immer kleine Dirk ein glückliches Kind, Klassenbester und sehr beliebt. Als ich nach den Schulfreunden frage, erinnert er sich an mehr Mädchen als Jungen. Als einziger Junge, fällt ihm dabei ein, wurde er zu Mädchengeburtstagen eingeladen: »Da konnte man es wahrscheinlich schon merken.« Im vierten Schuljahr schließlich begannen sich die Interessen des früh entwickelten Kindes zu verschieben, Vorboten der bald folgenden Politisierung.

Zum gleichen Zeitpunkt regte sich erstes Interesse am eigenen Geschlecht. Unwiderstehlich fühlte sich der zehnjährige Dirk Bach zu einem großen, robusten Mann mit roten Haaren hingezogen, der einen blauen Kittel trug. Es war der Hausmeister seiner Schule. Der Bewunderte war höchstens Mitte dreißig, kam ihm aber damals steinalt vor. Eine »Autoritätsgestalt« nennt ihn Dirk Bach und auch einen »roughen Typ.« Der kleine Schüler guckte dem großen Schulangestellten aufgeregt hinterher und empfand erste präsexuelle Sensationen. Gut informiert, wusste er, wie sich sein Körper in den nächsten Jahren verändern würde. Nein, die Pubertät war es noch nicht, aber ein Bedürfnis schon, etwas, was man sich »im Bettchen« vorstellt, bis hin zu »konkreten sexuellen Handlungen«. Um es zu erklären, zitiert Dirk Bach eine Freundin namens Dagmar. Die sage immer, dass Kinder durchaus eine Sexualität haben, aber auch Kuchen erotisch finden. Er selber fand nicht Kuchen, sondern den Hausmeister erotisch. So stark war sein frühes Begehren, dass er sich seinen Schwarm »waghalsig« als Pädophilen vorstellte und auf eine Verführung hoffte. Nicht dass er als kleiner Junge davon geträumt hätte, vergewaltigt zu werden, versichert er. Wohl aber, dass »etwas passieren« könnte, das er sich »durchaus zärtlich« vorstellte: »Ich sag mal, sexuelle Handlungen sind ja ganz unschuldig.« Er glaube, fährt Dirk fort, dass viele Kinder so empfinden, tatsächlich »darauf warten«. Das habe sich ja auch in bestimmten Strömungen der Schwulenbewegung gezeigt. Damals, als »alles noch sehr offen« war.

Ob er denn in den Hausmeister verliebt war, frage ich mein Gegenüber. Nein, ist die Antwort, romantisch war das nicht, sondern rein erotisch, »irgend so 'n Bild von 'nem Mann«. Davor schon, fällt ihm jetzt ein, hatte er auch ein Auge auf seinen Klassenlehrer geworfen. Eher allerdings noch so wie Jungen, die für ihre hübsche Lehrerin schwärmen. »Aber der Hausmeister, das war dann schon sehr konkret«, versichert er und lässt die Stimme dabei etwas schnarren.

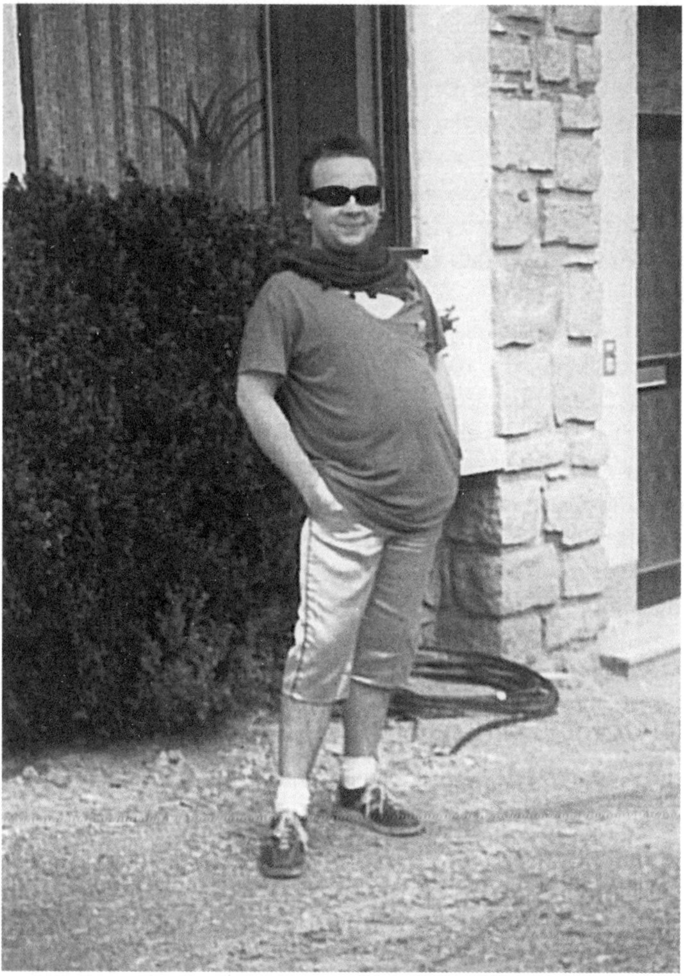

Dirk Bach mit zwölf

Ich bitte Dirk Bach zu erzählen, wie es mit seinem Sexualleben weiterging, und komme aus dem Staunen nicht heraus. Nach vielen präsexuellen »Erlebnissen« mit den meisten seiner männlichen und auch einigen der weiblichen Klassenkameraden auf dem Gymnasium durchlebte er fünfzehnjährig die erste wirklich homosexuelle Affäre mit einem viel älteren Mann. Es war ein schwul engagierter SPD-Politiker, den er auf dem Fest einer Gay Liberation Front im Kölner Lehrer- und Sozialarbeiterzentrum kennengelernt hatte. Nach längerem In-sich-Hineinhorchen, Sich-selbst-Hinterfragen und dem damals üblichen Erfahrungsaustausch mit Freunden outete sich der Gymnasiast daraufhin vor all seinen Schulfreunden, den Lehrern und den Eltern.

Ab wann es ihm denn dämmerte, dass er schwul durchs Leben gehen werde, möchte ich nun auch noch wissen und bekomme wieder eine äußerst freimütige und präzise Antwort. Die Eltern hatten dem kleinen Dirk erklärt, dass man in der Pubertät noch für alles offen sei, noch keine Entscheidung für Hetero- oder Homosexualität treffen müsse. Ihm aber widerfuhr schon mit zwölf etwas so Einschneidendes, dass er ernsthaft über seine sexuelle Orientierung nachzudenken begann. Über eine mögliche Bisexualität erst, dann über das Schwulsein. Dirk verliebte sich in seinen besten Freund Rolf. Diesem Jungen gegenüber entwickelte er Gefühle, die weit über die Sensationen beim Anblick des Hausmeisters und auch bei den Masturbationserlebnissen mit Gleichaltrigen hinausgingen. Eine »ganz innige Freundschaft« war das, erklärt er, so stark, dass sie sogar ohne verbale Liebeserklärungen auskam. Der Vater des Freundes war bei der Bundeswehr, und die Familie zog oft um. Als Rolf fort musste, war das »ganz schrecklich«, sagt Dirk Bach bewegt und berichtet, wie die beiden ihre Teddybären tauschten. »Seinen Lieblingsteddybär bekam ich, und er bekam meinen. Mit zwölf, da gab's noch 'n Bär, und der war was Besonderes.« – Kinderspiel oder Männerritual? Soldatenfreunde tauschen die Pistolen, wenn sich ihre Wege trennen. Das mag Rolf von seinem Vater gehört haben, um sich dann zu fragen, was ihm der wichtigste Gegenstand war. – Dirk hörte nie wieder von seiner ersten Liebe, aber der Stein war ins Rollen gekommen.

Ob er sexuelle Schuldgefühle hatte, bohre ich weiter. Nein, versichert der Schauspieler, so etwas blieb ihm ganz erspart. Nicht nur dank seiner liberalen Erziehung im Elternhaus, sondern auch, weil es politische Aufklärungsschriften gab wie zum Beispiel Günter Amendts berühmte *Sexfront*, die ein Kapitel über Homosexualität enthielt. Auch dass die Schwulengruppen damals politisiert waren, betont Dirk Bach und beklagt die heutige Ignoranz junger Homosexueller in Bezug auf Repression. Vergessen »dieser ganze Tuntenhass«, kein Grund scheinbar mehr, auffällige Schwule noch zu verteidigen. »Und ich sag immer, Kinder, erinnert euch doch mal, wer den ersten Pump geworfen hat, damit ihr überhaupt hier sitzen könnt, ihr kleinen Frettchen.« Der gerechte Zorn von einem, der – auch zu Zeiten, als das noch riskanter war als heute – offen schwul auftrat. So eindeutig, dass sich ein Medien-offizielles Bekenntnis erübrigte.

Seit zwölf Jahren ist Dirk Bach mit Thomas zusammen, den die Glitterwelt von Comedy und Fernsehshows kaltlässt. Nicht einmal Vegetarier ist Thomas dem engagierten Tierschützer zuliebe geworden. Ich frage ihn, wie es zu dieser Liebe kam und ob er sich vielleicht an einem bestimmten Punkt des Lebens nach emotionaler Stabilität in einer festen Beziehung gesehnt habe. Das verneint er entschieden. Auf einmal war da jemand, der ihn so sehr liebte und den er selber so sehr lieben konnte, dass diese starke Bindung entstand. Sie blieb bestehen, und er hofft, dass sich daran auch in Zukunft nichts ändert. Wie aber, um sich davon zu distanzieren, gesetzt und konservativ geworden zu sein, bricht Dirk Bach an dieser Stelle eine Lanze für die unstet Liebenden: »Ich find promisk, wenn man alleine ist, immer noch prima. Also mit dem nötigen Schutz finde ich das nie verkehrt. Man lernt viel und hat viel Freude.« Tragisch nur, dass »diese böse Krankheit so viel Elend über die Menschen gebracht hat, und über das, was das Natürlichste ist.«

Das Interview ist fertig, wir versuchen, Thomas auf dem Handy anzurufen, und erreichen ihn nicht. Dirk beginnt sich Sorgen zu machen. Nein, Thomas hat sich die Adresse nicht aufgeschrieben, wird mein Haus vielleicht nicht mehr finden, fürchtet er und geht seinen Mann suchen. Zum Glück treffen sie sich vor der Haustür, so dass uns noch etwas Zeit für ein Gespräch über George W. Bush und die furchterregende amerikanische Politik bleibt.

Thomas Geuskens und Dirk Bach

Noch Tage nach dieser Begegnung denke ich staunend an Dirk Bach. Was für ein Mensch! Ein Schwuler, so konsequent wie kaum ein anderer im Lande. Ein Promi ohne Furcht vor der Presse, der sich nicht scheut, ein Interview, gespickt mit Tabuthemen, unpopulären und radikalen Aussagen zu geben. Ein Liebender schließlich, so großmütig, dass er einen ihm extrem unähnlichen Partner akzeptiert. Im Fernsehen wiederum ist er ein effeminierter Clown, eine zum Grotesken neigende Tunte. – Ein Bekannter gestand, sich der eigenen Homosexualität zu schämen, wenn er jemanden wie den Dirk Bach ansehen müsse. – Was aber steckt wirklich hinter diesem Medienimage?

Kleine Dicke gelten seit jeher als vor allem komisch. Und bekennende Homosexuelle werden trotz aller Veränderungen der letzten dreißig Jahre noch immer von ihrer Sexualität her definiert. Dirk Bach wählte eine radikale Lösung für dies doppelte Dilemma. Statt sich Abmagerungskuren zu unterwerfen und ein möglichst »normales« Auftreten anzustreben, entschied er sich für ein Image exzentrischer Übertreibung und hemmungsloser Provokation. Ein Markenzeichen, das er, vor allem in Bezug auf Homosexualität, als Waffe gegen latente und offene Diskriminierung einsetzt. Ganz in diesem Sinne hatte die schwule Bewegung der Siebzigerjahre auf Sichtbarmachung, Offenheit und auch Provokation gesetzt. Sich als kreischende Tunten präsentierend, schleuderten zornige junge Männer dem Schwulenhasser sein eigenes Klischee vom Homosexuellen ins Gesicht. Das Bild von der geschmacklosen Schwuchtel, die bis ins eigene Lager hinein Ekel erregt und Homophobie auf sich zieht wie das Licht die Fliegen. Dieser Strategie der Provokation ist der Comedy-Star treu geblieben.

Was immer man davon halten mag: Dirk Bach, die kleine, dicke Tunte, das ist einer, der auszog, um zu sich selber zu stehen und für all die zu streiten, die anders sind. – Der aufregende Hausmeister, der zärtlich geliebte Teddybär-Freund und der SPD-Politiker: erste Meilensteine auf einem schwierigen Weg zur Anerkennung.

Nachtrag

Dirk Bach starb unerwartet am 1. Oktober 2012 in Berlin.

Das *Lebenshaus* der Kölner Aidshilfe, das der Schauspieler 1996 zusammen mit der damaligen Gesundheitsministerin Rita Süssmuth gegründet hatte, wurde im Juni 2013 in *Dirk-Bach-Haus* umbenannt. Angesichts der dank des medizinischen Fortschritts enorm gestiegenen Lebenserwartungen von Aidspatienten wird die ursprünglich als Hospiz bzw. Wohnhaus für Aidskranke gegründete Einrichtung derzeit zum Wohnprojekt für ältere Menschen mit Aids umgebaut.

Bach, der auch *Amnesty International* unterstützte, engagierte sich über zwanzig Jahre lang im Kampf gegen die Immunschwächekrankheit. Sein legendäres Benefizkonzert *cover me* allein hatte 350.000 Euro für diesen Zweck eingespielt.

Als ich wieder einmal beim Mittagsschlaf mit meinem Teddy zankte und ihn zugleich ganz seltsam liebkoste, stand plötzlich mein Vater in der Tür und sah mich mit heruntergezogenem Höschen und steifem »Bibi«. Sofort machte er die Tür wieder zu, aber ein wenig behutsamer, als er sie geöffnet hatte. ... Ich hatte den Eindruck, etwas Falsches getan zu haben, und noch dazu aus einem Lustgefühl heraus, und das begann mir den Lustgedanken allmählich zu vergällen.

Orhan Pamuk

Mein Kraftwerk

Erinnert von Eva Wellisz, Psychoanalytikerin

Eine ihrer ersten Erinnerungen, sagt Eva Wellisz, ist ein Gefühl der Unsicherheit Erwachsenen gegenüber. Die Großen, glaubte sie, könnten, wenn sie von ihrer überlegenen Höhe auf ein Kleinkind herabschauen, sehen, was in dessen Kopf geschieht, seine Gedanken, Gefühle und Wünsche lesen.

Die Psychoanalytikerin im Ruhestand hatte mir über eine Bekannte ausrichten lassen, sie habe Erinnerungen an erotische Fantasien, Träume und Erlebnisse, die mich interessieren könnten, und würde gern darüber sprechen. Als ich anrief, begrüßte sie mich mit großer Herzlichkeit und einnehmendem Charme, verriet aber kein Wort von ihrer Geschichte. Erst als ich im vierzehnten Stock eines gepflegten alten Wohnhauses der Upper West Side auf dem Sessel Platz genommen habe, auf dem früher ihre Patienten saßen, beginnt Wellisz zu erzählen. Ohne dass ich Fragen stellen muss, in einem druckreifen Monolog, der voll von schönen Metaphern und meisterhaft gegliedert ist, breitet sie ihr ganzes Leben vor mir aus. Zu jeder Station hat mein Gegenüber Erinnerungen bereit, die ihre emotionale und sexuelle Entwicklung verdeutlichen, so dass ich noch lange zuhören könnte, als sie nach fast drei Stunden zum Ende kommt.

Bibi, wie man Eva Wellisz einst nannte, war das Wunschkind einer polnischen Schauspielerin, die in der Ehe mit einem zeugungsunfähigen Grafen nicht glücklich geworden war. Der Vater ihres Kindes war ein Medizinstudent in Krakau, mit dem Romana, so ihr Name, unverheiratet im obersten Stockwerk eines modernen Wohnturms lebte, »mit runden Zimmern, runden Fenstern und einem umwerfenden Blick auf die Weichsel«. Bibi, geboren im Herbst 1937, wurde von ihren unkonventionellen Eltern weder getauft noch beim Meldeamt registriert, aber umso mehr geliebt. Sie war ein kontaktfreudiges Kind mit einer starken Persönlichkeit, das spontan auf Menschen zuging und von klein auf sagte, was es dachte und wollte. Einmal zum Beispiel im Haus ihrer Großeltern in Schlesien kam ein junger Mann zu Besuch, der der zweijährigen Bibi ganz besonders gefiel. »Du bist so schön«, sagte sie zu ihm, »ich will dich küssen.« Und dann, als sie fürchtete, zu weit gegangen zu sein: »Vielleicht wenigstens durch ein Taschentuch?«

Sie müsse ein hübsches Mädchen gewesen sein, vermute ich, aber Wellisz winkt ab. Nein, sehr charmant, mit einer »außergewöhnlichen, ausdrucksvollen Energie« begabt, aber gar nicht schön sei sie gewesen. Der Kopf zu groß, das weißblonde Haar zu dünn und die Nase zu breit. »So schöne Eltern«, hätten die Leute oft gesagt, »und dann so ein

Eva Wellisz, 1940

Kind.« Beim Herumschauen in der Wohnung sehe ich alte Fotos, die zwei überwältigend schöne Frauen zeigen, die eine Evas Mutter, die andere sie selbst. Jetzt mit einundsiebzig Jahren, durch eine schwere Gehbehinderung eingeschränkt und mangels Bewegung übergewichtig, ist nicht viel davon geblieben. Das ursprüngliche Charisma aber und die intensive Ausstrahlung sind vielleicht sogar stärker geworden und lassen Wellisz schön erscheinen, sobald man sich auf ein Gespräch mit ihr einlässt.

Vom Geburtsort Krakau zog Bibi mit Ogina, wie sie ihren auf den Namen Otton getauften Vater nannte, nach Wisła, einer Kleinstadt im polnischen Teil Schlesiens. Der junge Arzt eröffnete dort seine erste Praxis, während Romana in Krakau Theater spielte, so dass sie nur am Wochenende alle zusammen sein konnten. Das halbe Familienglück währte nicht lange, denn im Herbst 1939 fielen die Nazis in Polen ein, und die Rote Armee begann Ostpolen zu besetzen. Dr. Otton Lazar wurde zum polnischen Militär beordert und geriet in russische Kriegsgefangenschaft. Zusammen mit den Offizieren, die 1940 dann während des Massakers von Katyn ermordet wurden, sollte er ins Innere Russlands transportiert werden. Er entkam durch einen glücklichen Zufall und kehrte nach Schlesien zurück. Später erwischten ihn die Deutschen, als er jüdischen Freunden Essen und Medikamente ins Ghetto brachte. »Hose runter«, hieß es, und sie ließen ihn laufen, weil er kein Jude war. – Sie habe ihre beiden Söhne ohne jegliche Debatte beschneiden lassen, sagt Eva Wellisz. Alle sollten gleich aussehen, nie wieder eine Hose-runter-Selektion möglich sein. – Außerdem lehnte Otton Lazar die Aufnahme in die »Deutsche Volksliste« (und damit die Anerkennung der NS-Annexionspolitik) ab , obwohl sein Vetter, der sich auch geweigert hatte, als Strafe dafür nach Auschwitz deportiert worden war. Ein weiteres Mal vom Glück begünstigt, gelang es dem jungen Arzt, nach Budapest zu fliehen. Noch war Ungarn nicht besetzt, das Rote Kreuz nahm Flüchtlinge auf, und er konnte in einer Augenklinik arbeiten.

Bibi blieb in Schlesien, bis die Mutter, die inzwischen am Nationaltheater von Warschau engagiert war, sie dort nach einer äußerst gefährlichen Reise abholte. Mit dem gefälschten Pass einer angeblichen Postbeamtin war Romana bei einer Kontrolle nur knapp der Entdeckung entgangen und hatte es dann bis nach Wisła geschafft. Auch die gemeinsame, nicht minder gefährliche Rückreise nach Warschau gelang. Dort, erinnert sich Eva, fielen Bomben, und deutsche Soldaten marschierten auf den Straßen. Ein einbeiniger polnischer Kriegskrüppel spielte auf der Geige die Melodie des Liedes *Come Back to Sorrento*. Bibi blieb stehen und weinte.

Trotz der Gefahren und des Leidens um sie herum war das Mädchen glücklich. Sie fand eine Stelle ihres Körpers, die zur Quelle wunderbarster Empfindungen wurde. Die Stelle war zwischen den Beinen. Je öfter sie dort hinfasste und rieb, desto mehr fühlte sie sich von einer seltsamen, intensiven Kraft durchdrungen, die höchste Gefühle auslöste. »Das war die Zeit, zu der ich meinen elektrischen Punkt, meinen Eigenstrom, mein Kraftwerk entdeckte, all das, während die Bomben fielen.«

Quelle des Glücks war auch das Leben mit der Mutter, obwohl Romana wenig Zeit für Bibi hatte. Am Vormittag waren die Proben, am Nachmittag arbeitete die Schauspielerin in einem Café, und die Abende waren mit Aufführungen gefüllt. Ihre Mutter war unglaublich schön und sehr elegant, erzählt Eva Wellisz mit strahlendem Gesicht. Sie bewunderte sie maßlos. Wenn Romana am Morgen aufstand, ihren orangeroten Morgenmantel anzog, die Vorhänge öffnete und das Licht hereinließ, dann war Bibi glücklich. »Ich hatte nicht viel von ihr, aber ich erinnere mich an ihre Wärme und an das Gefühl, geliebt zu werden.« Wenn die Angebetete nicht zu Hause war, öffnete Bibi manchmal ihre Schränke, betrachtete und berührte ihre feinen Kleider. Sie hatte ein Kindermädchen, mit dem sie tagsüber im Park spazieren ging, auch das ein großes Vergnügen. »Die Art wie die Sonne durch die Bäume schien, die dann Schatten warfen. Lichtflecken und Halbschatten, das faszinierte mich.« Interessant waren auch die jungen Mütter, wie sie dort auf den Bänken saßen und ihre Säuglinge stillten, und wie sie manchmal auch ein etwas größeres Kind statt auf die Toilette, einfach hinter die Büsche führten: »Sch, sch, sch«. Einmal, als Romana am Abend heimkam, hielt Bibi ihre Puppe an die Brust. Sie sei jetzt Mutter verkündete sie, wie wenn sie der eigenen ein gutes Beispiel geben wollte.

Ein andermal ging sie, was selten vorkam, mit Romana spazieren. An der Ecke der Marszałkowska, einer belebten Einkaufsstraße, war ein Zeitungskiosk. Der war mit unzähligen Exemplaren eines Magazins dekoriert, das Romanas Portrait auf der Titelseite trug. Das Gesicht der Mutter, so viele Fotos davon, wie wichtig sie sein musste. Bibi war stolz. Eva Wellisz schaut ins Weite und sagt: »Beim Onanieren mit drei oder vier Jahren hatte ich die Füße und Beine meiner Mutter vor Augen, bis zum Rocksaum, glaube ich, mit den schönen Stöckelschuhen. Das fand ich sexy.« Dann fällt ihr eine weitere Masturbationsfantasie ein. »Jetzt erst«, meint sie, »wahrscheinlich, weil es mir peinlich war«, und beschreibt die Fantasie: Das Bild von einem Arzt in weißem Kittel, der mit dem Stethoskop die Brust eines Babys abhört. Es gab solche Fotos vom Vater mit ihr.

Bibis Freude an ihrem geheimen Elektrizitätswerk währte nicht lange. Das Dienstmädchen hatte sie beobachtet und sprach mit der Mutter darüber. Man machte sich Sorgen und beschloss, einen Fachmann zu befragen. Bibi musste zum Arzt. Es sei ein merkwürdiger Besuch gewesen, erinnert sich Wellisz. Zuerst wurde das Dienstmädchen ins Sprechzimmer gebeten, dann Bibi. Sie musste sich nicht ausziehen, wurde nicht untersucht und auch nicht ermahnt. Der Kinderarzt aber, ein Mann mit unsympathischen, »verschlafenen« Augen, blickte prüfend auf sie herunter, wie wenn er mit Röntgenstrahlen in sie eindränge, ein äußerst unangenehmes Gefühl. Am selben Abend, als Bibi schon im Bett lag, hörte sie, wie das Dienstmädchen der Mutter den Rat des Arztes überbrachte. Um seine überreizten Sinne abzukühlen, solle man das Kind vor dem Schlafengehen in eine Wanne mit kaltem Wasser legen. Entsetzt wies die Mutter das von sich, und das Thema war erledigt. Bibi aber wagte nicht mehr, den »elektrischen Punkt zwischen ihren Beinen« zu berühren. Nicht nur war ihr schönes Geheimnis entdeckt worden, sondern es schien dazu noch unrecht zu sein, etwas Übles zu bedeuten: »Das Glück und das Vergnügen, das ich empfand, waren Anlass ärztlicher Besorgnis.«

In Warschau wurde es gefährlicher. Die Verfolgung der Juden war in vollem Gang, und die Gestapo verhaftete nicht nur jeden, der ihnen half, sondern unzählige andere Polen, von einfachen Bauern bis zu Universitätsprofessoren. Romana hatte einen Liebhaber, der Jude war, und sie versteckte ihn. »Du musst immer mutig sein«, sagte sie zu Bibi, die den Ernst ihrer Worte noch nicht verstand. Das Kindermädchen aber hatte eine böse Ahnung und schlug vor, die Kleine zumindest eine Zeit lang an einen sichereren Ort zu bringen. Bibi fuhr mit dem Kindermädchen in Urlaub, wie sie dachte, zu Verwandten aufs Land, und ahnte nicht, dass es keine Rückkehr geben sollte. Kurz nach ihrer Abreise tauchte die Gestapo nach einer Abendvorstellung im Theater auf, verhaftete Romana, brachte sie in ihre Wohnung und erlaubte ihr, eine Zahnbürste und ein paar Kleinigkeiten einzupacken. Die anschließende »Reise« führte nach Majdanek, später nach Ravensbrück, Buchenwald und vielleicht noch in ein weiteres KZ, dessen Name Eva nicht einfällt. Auch die Reihenfolge der Schreckensorte, die ihre

Mutter durchleiden musste, weiß sie nicht mehr, und alle, die es wissen müssten, sind gestorben.

Als Bibi auf dem Land erfuhr, dass Ogina sie nach Budapest holen wollte, fürchtete sie sich. Seit dem Kinderarztbesuch und dem freiwilligen Verzicht auf ihren »Eigenstrom« glaubte sie, in irgendeiner Weise abnormal zu sein. Und der Vater, ein Arzt, würde ihr das sofort ansehen, so wie der mit den verschlafenen Augen in Warschau. Nicht viel später tauchten Janek und Eva auf, ein mit dem Vater befreundetes Paar. Sie erklärten Bibi, sie würden sie als ihre Tochter ausgeben, sie nach Ungarn einschmuggeln und dann zum Vater bringen. Das war im Frühjahr 1944, das Land war von den Deutschen besetzt, Otton Lazar selbst nicht mehr sicher in Budapest. Von Krakau fuhr Bibi mit dem fremden Paar in einem Schlafwagen nach Budapest, und kurz vor der Ankunft meinte Eva: »Jetzt bist du sechs Jahre alt und gehst in die Welt hinaus, da kannst du nicht mehr Bibi heißen. Such dir einen ordentlichen Namen aus.« Bibi betrachtete ihre Beschützerin, eine resolute Frau mit ernsthafter Brille. Sie schien klug und selbstständig zu sein, so wie sie selbst einmal sein wollte. »Ich heiße Eva«, sagte sie entschlossen.

In Budapest angekommen, überlegten Eva und Janek, wie Bibi/Eva mit ihrem Vater zusammenzuführen sei. Da es eine Überraschung werden sollte, brachten sie das Mädchen in die Wohnung einer schwangeren Verwandten und baten ihren Freund Otton, der werdenden Mutter einen Krankenbesuch abzustatten. Er kam, und Eva schloss sich vor Angst im Klo ein. Als sie ins Zimmer der Schwangeren geführt wurde, lag diese nackt auf dem Sofa, und Ogina beugte sich von einem Sessel aus zu ihr herunter, um sie zu untersuchen.

Obwohl sein Blick sehr intensiv war, fürchtete sich Eva nicht mehr vor dem Vater. Im Gegenteil, sie fand ihn so schön, dass sie beschloss, ihn zu heiraten, sobald sie groß sei. Nicht einmal vor den Bomben hatte sie Angst, die jetzt auch hier die Stadt verwüsteten. Es waren die angloamerikanischen Bombardements auf Budapest noch vor denen der Roten Armee, die dem Einmarsch der Sowjets vorangingen. Dr. Lazar hörte BBC und lernte Englisch. Bei Luftalarm trug man die Patienten in den Keller. Er aber nahm seine kleine Tochter und ging mit ihr aufs Dach, um sich das Bombenfeuerwerk anzuschauen. Die Amerikaner und Engländer, meinte er, würden niemals ein Krankenhaus beschießen, und vertraute dem weit sichtbaren roten Kreuz obendrauf.

Etwas von Evas Angst vor dem Vater als Arzt kehrte zurück, als ihr die Milchzähne ausfielen. Ein Zahn machte Probleme, so dass der Vater sie in eine Zahnklinik bringen musste. Sie saß auf dem Behandlungsstuhl, sah die Zange, bekam fürchterliche Angst und trat in Richtung Zahnarzt. Instrumente fielen auf den Boden, und ein Spülbecken ging zu Bruch. Da schnallte man die Widerspenstige auf einen Behandlungsstuhl und gab ihr eine Äthernarkose. Als sie aufwachte, hatte sie in die Hose gemacht und schämte sich ganz schrecklich. Viele Jahre später, berichtet Wellisz traurig, las sie im Tagebuch ihres Vaters, wie er sich wegen des mangelnden Mutes seiner sechsjährigen Tochter schämen musste. »Ich durfte keine Angst haben«, sagt sie und spielt nervös mit dem Kabel meines Mikrofons, wie schon vorher, als sie die Szene beim Kinderarzt beschrieb.

Das Angsttrauma bekam neue Nahrung, als Eva – noch immer mit dem Zahnwechsel kämpfend – ein paar Wochen in einem Sommerlager für Mädchen verbringen musste. Das war eine Art »Kinder-KZ«, erinnert sich die Zeitzeugin. Man wohnte in Baracken, musste die eigenen Kleider abgeben und trug eine scheußliche schlafanzugartige Uniform. Wenn ein Mädchen ins Bett gemacht hatte, wurde es in das nasse Laken gehüllt und musste einer »Prozession« von Kindern vorangehen, die die Bettnässerin auslachten. Jeden Tag fürchtete Bibi, dass dies auch ihr passieren könnte. Aber nichts dergleichen geschah. Die Angst vor dem Einnässen und der damit verbundenen Strafe parallel zum Verlust der Zähne vermischte sich jedoch mit der Angst vor einem generellen Kontrollverlust, der zu Zeiten eines nomadisierenden Lebens auf der Flucht vor Verfolgung und Krieg tödlich gewesen wäre. Ob da nicht auch sexuelle Ängste und Schuldgefühle im Spiel gewesen seien, frage ich. »Clever, clever, Ulrike«, sagt Eva lachend, »Sie haben Ihren Freud gelesen.« Ja, da sei die Angst vor dem Vater/Arzt gewesen, der nichts von ihrem schönen elektrischen Punkt wissen durfte, und vor seiner Verlängerung, dem Zahnarzt. Dazu die Angst, die Kontrolle zu verlieren, einzunässen. All das »ein und dasselbe Thema, tief im Unbewussten verankert«.

Hier die kindliche Sexualangst und da die reale Angst nicht nur der Erwachsenen vor den Nazis, denke ich schaudernd. Was mag Eva Wellisz empfinden, wenn sie mir von ihren Eltern erzählt, die den Mördern meiner eigenen Elterngeneration nur knapp entkommen sind? Wie bewundernswert ist ihr Abstraktionsvermögen auf dem Hintergrund unseres gemeinsamen Interesses an der kindlichen Sexualität, wie Sigmund Freud sie interpretiert hat.

Auch Budapest wurde jetzt zu gefährlich, und Ogina zog mit Eva und seiner neuen Lebensgefährtin Magda an einen Ort namens Domoszló im Norden Ungarns. Dort war er der einzige Doktor für sieben Dörfer, deren Ärzte geflohen waren. Eva ging zur Schule und lernte das Abc auf Ungarisch, während die Rote Armee schon auf ihrem Weg nach Berlin war. Die deutschen und die ungarischen Truppen flohen. Vor der Praxis warteten Bauern in Pferdekarren. Sie brachten Schwerverwundete oder ließen sich die Kugeln von Schrapnells entfernen. Als Honorar brachten sie Enten und Gänse oder etwas Käse. Es gab Kinder, die ein verhängnisvoller Schritt in eine Mine das Bein gekostet hatte. Bibi dagegen musste auf Oginas Geheiß wie ein wohlbehütetes Bürgerkind nach dem Mittagessen eine Stunde schlafen. Einmal fühlte sie ein Kribbeln im Unterbauch. Der Vater wurde geholt, um festzustellen, dass sie einen Wurm hatte. Er zog den Parasiten aus ihrem Körper und verewigte ihn in einem Glas Formaldehyd. Die Fantasie des Mädchens schlug hohe Wellen. Sie erzählte ihrer ungarischen Erstklässler-Freundin, sie habe ein winziges, wunderschönes Baby geboren. Der Vater habe bei der Geburt geholfen und bewahre das zarte Wesen in einem Wattebettchen auf, bis es größer und stärker geworden sei.

Bei ihrer Ankunft in Domoszló ließen sich die sowjetischen Soldaten in dem Haus nieder, wo Eva mit dem Vater und seiner Freundin lebte. Sie zerhackten die Möbel zu Brennholz, betranken sich sinnlos und vergewaltigten Frauen. Zusammen mit einigen Ungarn fand sich Eva im Keller auf einem Weinfass sitzend, das mit Heu bedeckt war, damit die Soldaten es nicht fänden. Als die betrunkenen Männer hereinstürmten, versuchte Eva, auf Polnisch mit ihnen zu verhandeln. Das veranlasste einen Unteroffizier, ihr ein Maschinengewehr in den Nacken zu setzen. Zu klein, um zu begreifen, dass sie beim geringsten Zeichen von Widerstand der Erwachsenen erschossen werden sollte, stand sie auf und ging im Raum herum. Der Soldat folgte ihr auf Schritt und Tritt, immer mit der Waffe an ihrem Hals. Als sie ihn bat, das Ding wegzunehmen, befahl ein Hauptmann in einem »Moment von Klarheit«, das Kind in Ruhe zu lassen.

Der Krieg war zu Ende, und im Juni 1945 machten sich Ogina, Magda und Eva auf die Reise, zunächst zum Gut von Magdas Mutter in Ungarn. Der Vater fand einen Bauern, der sie mitsamt seinen Naturalienhonoraren, ein paar Enten, Gänsen und Hühnern, in einem Pferdefuhrwerk mitnahm. Der Sommer 1945 war ungewöhnlich heiß und die Reise beschwerlich. Wo immer sie eine Wiese sahen, hielten sie an und ließen ihre Nutzvögel grasen. Nach einer Ruhepause auf dem Gut von Magdas Mutter ging es weiter nach Polen, jetzt im Waggon eines Güterzugs. Der gehörte einem Mann, der Heu nach Polen transportierte und immer wieder anhielt, um neue Fracht zu laden. Eva hatte kurze Haare und trug eine kurze Hose, beides damals für Mädchen noch ungewöhnlich. Ein Co-Passagier aus einem anderen Wagen behauptete scherzend, dass er sie für einen Jungen hielt. »Das war schrecklich«, sagt Wellisz, wie wenn sie noch heute verärgert wäre. »Was für ein Missverständnis. Ich bin ein Mädchen und sehr stolz darauf, ein Mädchen zu sein.« Bei nächster Gelegenheit ging sie auf den Bahnsteig, hockte sich hin und pinkelte in aller Öffentlichkeit, um ihre Weiblichkeit zu demonstrieren.

In Polen angekommen, ging die siebenjährige Eva auf die Knie und küsste die Erde. Das, betont sie, obwohl keiner in ihrer Familie besonders nationalistisch oder religiös war. Später in der Psychoanalyse, berichtet sie, wurde klar, dass es nicht ums Vaterland, sondern um ihre verschollene Mutter ging, der sie sich jetzt näher fühlte. Ogina, Eva und Magda blieben nur wenige Wochen in Polen. Warschau war fast ganz zerstört, und die neue Regierung begann schon wieder, willkürlich Menschen zu verhaften. »Das ist kein Ort zum Bleiben und zum Leben«, sagte Ogina, der nach Amerika wollte. Sie ließen das Federvieh bei seiner Mutter und schlugen sich mit nichts als zwei Kleidergarnituren in je einem Rucksack illegal bis in die westliche Tschechoslowakei durch, um dort auf einen Transport nach Deutschland zu warten. Das gerade erst besiegte Mörderland war inzwischen zum Zentrum der Auffanglager für »displaced persons«, für obdachlose Flüchtlinge geworden.

Schon im Zug, wurden sie von einem tschechischen Offizier auf den Bahnsteig zitiert und nach Papieren gefragt, die sie nicht hatten. Die Leute hingen an den Fenstern und Türen, um sich das Spektakel anzusehen. Ob er denn wirklich gar nichts Offizielles habe, fragte der Tscheche Ogina. Was denn das zusammengefaltete Stück Papier in seinem Geldbeutel sei. Ein Brief der jüdischen Gemeinde Schlesiens, antwortete er. Ein Schreiben, in dem die Juden ihm für alles dankten, was er für sie getan habe. Das Schriftstück wurde der Pass für ihn, seine Tochter und seine Freundin.

In Deutschland war die erste Station ein polnisch geleitetes Flüchtlingslager in der Nähe von München, in dem Tausende von Polen, meist einfache Bauern, untergebracht waren. Ogina, Magda und Eva bekamen ein Zimmer mit nichts als drei kleinen Betten, Stühlen und einem Tisch. Das war ein Privileg den anderen Flüchtlingen gegenüber, denn Dr. Lazar übernahm die Leitung des Krankenhauses. Eva besuchte die Lagerschule, deren Lehrer militärische Uniformen trugen. Lieber allerdings tat sie etwas Kreatives, Malen und Zeichnen zum Beispiel. Der Vater hatte ihr Farben und einen Block besorgt, den sie langsam mit Bildern füllte. Als der Block voll war, nahm sie ihn mit in die Schule und zeigte den Mitschülern, was sie gemalt hatte. Die aber interessierten sich nur für ein einziges Bild. Dieses zeigte eine Frau, die nackt auf einem Sofa liegt, und einen voll bekleideten Mann, der sich über sie beugt. »Ein bisschen wie Manets *Frühstück im Grünen*«, beschreibt Eva Wellisz, »die Frau nackt, die Männer im Anzug«. Damals allerdings wollte sie nur ihren Vater malen, wie sie ihn beim Wiedersehen in Budapest mit der schwangeren Patientin gesehen hatte. »Ihh, bähh, eine nackte Frau, nackte Frau«, kreischten die Schüler und rissen einander das Blatt aus den Händen, so dass es bald in Fetzen war. Da kam der Lehrer. Das Bild musste wieder zusammengefügt werden, und der Lehrer-Offizier nahm es mit. Als Eva am Abend nach Hause kam, war der Vater böse. Der Lehrer war gekommen, hatte ihm das »unsittliche« Bild gezeigt und Evas mangelnde Moralvorstellungen gerügt. Ogina, der sich auf der Kinderzeichnung erkannt haben musste, machte seiner Tochter Vorwürfe, wurde wütend und drohte gar mit Schlägen. Eva erschrak, kroch unter ein Bett, machte vor Angst in die Hose und schämte sich unendlich. Als der Vater sie in der Urinpfütze liegen sah, tat es ihm leid, und er entschuldigte sich.

Das nächste Flüchtlingslager war in Bad Reichenhall, nicht allzu weit entfernt von Hitlers Sommersitz in Berchtesgaden. Eva fürchtete, der Massenmörder könne noch leben, obwohl man ihr versicherte, dass er tot und auch von dem Sommersitz nichts übrig sei. Dann aber erfüllte sich ihr größter Wunsch. »Mama Romana«, die über alles geliebte Mutter, tauchte im Lager auf, in einer strengen britischen Uniform. Ravensbrück und Majdanek hatte sie überlebt, und die Amerikaner hatten sie aus Buchenwald befreit. Romana gehörte dem »Ersten Polnischen Korps«, einem Teil der polnischen Exilregierung, an, das – von den Engländern autorisiert – als Besatzungsmacht im Emsland stationiert war. Zusammen mit anderen Künstlern hatte die Schauspielerin ein politisch-satirisches Marionettentheater gegründet, das für die polnischen Soldaten spielte. Als sie herausfand, wo ihre Tochter war, kam Romana, um Bibi, aus der inzwischen Eva geworden war, mit zu ihrem Truppenstützpunkt zu nehmen. Drei Wochen lang brauchten die beiden, um von Bad Reichenhall ins norddeutsche Lingen an der Ems zu reisen, meist mit Militärtransporten und manchmal mit dem Zug. Einmal auf einer nächtlichen Bahnfahrt begann die Mutter zu singen. Es waren Wiegenlieder, die befreundete KZ-Insassen für ihre kleine Tochter komponiert hatten, für den Fall, dass Romana sie einst wiedersehen würde. »Alle um mich herum und auch ich selbst«, sagt Eva Wellisz an dieser Stelle, »waren durch und durch vom Krieg geprägt. Das war, glaube ich, normal.«

In Lingen wurden Mutter und Tochter bei einer deutschen Familie untergebracht. Die achtjährige Polin, deren

Eltern nur zufällig überlebt hatten, trug jetzt einen polnischen Militärpullover, der an ihr so lang war wie ein Kleid. Ein Barett mit einem Adler und dicke Polen-Aufnäher an den Schultern vervollständigten das patriotische Kostüm. Die Lingener Kinder rannten hinter Eva her, riefen »Polenschwein« und drohten mit Gewalt. Sie entkam, trat auf den Balkon ihrer Gastfamilie und warf Bonbons auf die Straße, die ihr britische Soldaten geschenkt hatten. Zu ihrer Genugtuung schlugen sich die ausgehungerten deutschen Kinder nun gegenseitig um die unerwarteten Süßigkeiten.

Trotzdem war das Frühjahr 1946 keine schlechte Zeit für Eva. Sie musste nicht auf eine der ihr meist verhassten Schulen gehen, sondern durfte stattdessen den Marionettentheater-Leuten bei der Arbeit zusehen. Die Puppen wurden selber gemacht, die Texte gemeinsam geschrieben, Klavier und Sprecher verbargen sich hinter der Bühne. Die Schauspieler behandelten Romanas Tochter wie eine Erwachsene, diskutierten mit ihr über Politik und Kunst. Wenn sie nicht im Theater sein konnte, spielte Eva mit dem Sohn ihrer Gastfamilie. Ein blonder, stupsnasiger Hans, etwas jünger als sie, blickte zu ihr auf und tat alles, was sie wollte. Sie fantasierte sich als Star-Tänzerin und schrieb an ihre Tür: »Hier wohnt die berühmte Primaballerina Eva.«

Wenn sie allein war, berührte Eva jetzt auch wieder ihren elektrischen Punkt und begann, über die Vorgänge von Zeugung und Geburt nachzudenken. Sie stellte der Mutter allerhand Fragen zum Thema Gebären. Wie sie sich gefühlt habe, als sie aus ihr herauskam. Ob sie ein Nachthemd dabei angehabt habe oder ob sie nackt gewesen sei. Zu ihrer großen Verwunderung wand sich die sonst wenig prüde Mutter, warf ihr vor, zu neugierig oder gar sexbesessen zu sein.

Dann war da André, ein gleichaltriger polnischer Junge, der Eva sehr männlich vorkam. Sie freundete sich mit ihm und seiner Schwester Jaga an und betrachtete ihn als ihren »boyfriend«. Das Geschwisterpaar war schlecht erzogen. Die beiden stahlen die Birnen des Nachbarn, fluchten und benutzten unanständige Wörter. Eva fand das interessant. Ärgerlich war nur, dass die Freunde, wenn ihnen im Beisein von Erwachsenen ein solches Wort herausrutschte, behaupteten, sie hätten es von ihr gelernt. Eines Tages schließlich durften André und Jaga nicht mehr mit Eva spielen. Warum, erfuhr sie Jahrzehnte später in New York, wo sie Jaga wiedersah. »Du warst sehr sexy«, sagte die Kinderfreundin, »du warst ganz offen sexuell.« »Wie meinst du das? Wie war ich sexuell?«, fragte Eva, und Jaga erinnerte sie an einen Krankenbesuch bei André. Da sei sie zu ihm unter die Decke gekrochen. »Stimmt«, sagte Eva, »aber wir haben doch nichts gemacht.« »Ja, weißt du, aber ...« Das Gespräch führte ins Nichts der Vermutungen.

Eines Tages beschloss Romana, Eva nach Brüssel umzusiedeln. Dort lebten ihre Großmutter und Tante, die während des Warschauer Aufstands verhaftet worden waren und in einem Kriegsgefangenenlager überlebt hatten. Eva wurde bei der Großmutter, einer verbitterten und prüden Frau, untergebracht, ging zur Schule und musste ihre inzwischen dritte Fremdsprache lernen. All das wurde aufgewogen durch die wunderbaren Hollywoodfilme, die sie hier zum ersten Mal im Leben sah und die eine nie wieder stillbare Sehnsucht nach New York in ihr weckten. Staunend sah sie die Wolkenkratzer mit Fahrstühlen statt Treppenhäusern, die großartigen Ausblicke und Menschen wie Judy Garland und Mickey Rooney, aus denen plötzlich Lieder hervorbrachen. Am schönsten waren die langen Küsse der Schauspieler, wenn sie sich aneinander festsaugten und dabei fast zusammenzuwachsen schienen. Großartiger Stoff für ganz neue Onaniefantasien. Und dann die unglaublich schönen, starken Männer, unter deren Händen die Frauen zu Wachs wurden, so wie Eva es sich jetzt wünschte. Sie verliebte sich in den Filmstar Robert Taylor, sehnte sich nach ihm und bewahrte sein Foto unter ihrem Kopfkissen auf. Als die Großmutter es fand, gab es einen großen Krach, und sie schimpfte Eva »das unanständigste Kind auf der Welt«. Die Scham, die sie damals empfand, fühle sie bis heute, sagt die Einundsiebzigjährige, überwältigt von der Macht des Vergangenen.

Als das »Erste Polnische Korps« aufgelöst wurde, kam Romana nach Brüssel und befreite ihr Kind aus der Obhut der Puritanerin. Zu ihrer größten Freude durfte Eva jetzt wieder mit der Mutter zusammenziehen. Die neue Wohnung lag gleich neben der des Hausmeisters, eines verarmten polnischen Aristokraten und seiner Familie mit drei Söhnen. Janek war fünfzehn, hatte tiefblaue Augen und schwarze Haare. Er war noch männlicher als André, fast schon wie die romantischen Helden von der Leinwand. Eva verliebte sich sofort in ihn, schien aber keine Chancen zu haben. Interessiert an ihr war eher sein Bruder Martin, der zwölf Jahre alt war und auch nicht hässlich. Der kam täglich zum Spielen.

Einmal aber erschien Janek, schloss die Tür hinter sich und wollte Eva küssen. Die wurde ganz schüchtern, wich dem Verehrer aus, obwohl sie sich doch nichts mehr als seine Zuneigung gewünscht hatte. Zu küssen wie im Kino aber, das fürchtete sie noch nicht zu können, und Janek muss es ähnlich gegangen sein. Unbeholfen probierten sie es schließlich, wurden aber kein Liebespaar. Janek bewahrte seine Distanz, und alles blieb offen. Dann kam Pawel, der jüngste Hausmeistersohn, der neun Jahre alt war wie Eva, und erklärte, dass er sich mit ihr verloben wolle. Er brachte zwei billige Ringe, und sie spielten »verlobt«. Ganz harmlos und ohne Küsse war dieses Spiel, aber dennoch aufregend wegen der geheimen Verbindlichkeit ihrer Beziehung. Nach dem Spielen mussten die Ringe unter einem Teppich versteckt werden.

Trotzdem träumte Eva weiter von Janek. Und als die Mutter sie für ein Jahr auf ein Mädchenpensionat im schweizerischen Fribourg schickte, schrieb sie ihrer ersten Liebe romantische Briefe. »Ich sagte ihm, wie ich an ihn dachte, wie ich sein Gesicht im Himmel und in den Wolken sah und wie gern ich ihn küssen würde.« Alle Briefe blieben unbeantwortet. Und als Eva wieder in Brüssel war, kam keiner der Jungen aus der Nachbarswohnung mehr zum Spielen. Die Tür blieb geschlossen, wann immer sie daran vorbeiging, bis Janek sich einmal hinausschleichen konnte. Warum sie nie eine Antwort erhielt, konnte sie ihn jetzt endlich fragen. Er schrieb schlechte Noten in der Schule, erzählte Janek, der Vater wurde misstrauisch, fing Evas Briefe ab und empörte sich über den Inhalt. Dann ohrfeigte er seinen Sohn so brutal, dass ihm das Trommelfell platzte. Eva fühlte sich schuldig und schämte sich. Wieder war Kindern der Umgang mit ihr verboten worden. »Man stelle sich vor, ein zehnjähriges Mädchen schreibt Liebesbriefe! Ich kam mir wie eine Hure vor.«

Während Eva im Internat war, heiratete Romana einen Politiker der polnischen Exilregierung und zog mit ihm nach London. Eva wurde nachgeholt, musste aber von Montag bis Freitag ein neues Klosterinternat besuchen, so dass sie Mutter und Stiefvater nur am Wochenende sah. Die englischen Nonnen waren die Schlimmsten, die sie erlebt hatte. Wenn Eva im Badezimmer ihre unteren Körperteile wusch, machten sie anzügliche Bemerkungen über ein von ihnen fantasiertes sündiges Leben der früh entwickelten Zwölfjährigen. Eine traurige Zeit. Eva tröstete sich mit noch mehr Hollywoodfilmen, las Liebesromane und befasste sich mit griechischer Mythologie. Sie fantasierte und träumte jetzt selbst von einem Liebesleben, das sie noch nicht hatte. So geschah es, dass der Politikergatte ihrer Mutter in einem Traum zu Winston Churchill wurde: Der Staatsmann hat Eva ein Buch geliehen. Als sie es zurückbringt, will er sie verführen, und sie nennt ihn einen »dirty old man«. In einem anderen Traum steht sie unter einer Laterne, und der englische Premierminister Mcmillan kommt vorbei. Er würde sie für eine Hure halten, fürchtet sie, lädt ihn aber trotzdem ein, in ihrer Mansarde zu übernachten, weil er kein Dach über dem Kopf hat. Sie überlässt ihm ihr Bett, bleibt aber selbst die ganze Nacht wach, um ihre Anständigkeit zu beweisen.

Die scheinbaren Unschuldsträume wichen bald Gewagterem. Immer wieder erscheint Eva jetzt der griechische Göttervorstand Zeus, der Frauenheld, der jedes Mädchen in einem anderen Kostüm verführt. Als großer Vogel oder Schwan kommt er herangeflogen, liebt und schwängert sie wie die überirdisch schöne Leda. Nach noch gröberen Kerlen sogar scheint sich die Klosterschülerin zu sehnen. Sie träumt sich als unschuldige Jungfrau in einem mittelalterlichen Schloss, gekleidet in ein weißes, fließendes Kleid wie Ophelia. Ein Ritter in voller Rüstung betritt klirrend den Raum. Ohne ein Wort kommt er zu ihr, entkleidet sie langsam, während er selber nicht einmal das Visier aufklappt. Schweigend überwältigt er Eva, und ihr ist nichts lieber. »Der Mann in dieser Fantasie«, interpretiert die Psychoanalytikerin, »hat das Recht, offen sexuell zu sein. Und durch ihn bin auch ich dazu ermächtigt, durch den Mann, der als Eroberer kommt.« »Es war nicht Ihre Schuld«, sage ich, und sie: »Stimmt, und deshalb, denke ich, begeben sich Frauen so oft in masochistische Situationen.«

Einer von Evas realen Mädchenträumen erfüllte sich schon bald. Der Vater, der es nach drei in deutschen Flüchtlingslagern zugebrachten Jahren nach Amerika geschafft hatte, nahm seine Tochter zu sich. Im Land ihrer Sehnsucht gab es keine Nonneninternate mehr, sondern partnerschaftliche Pädagogik auf modernen Schulen. Eva ging auf die Highschool und aufs College, studierte Theaterwissenschaften und wurde Schauspielerin. Mit nur achtzehn Jahren heiratete sie einen italienischen Ingenieur und liebte ihn leidenschaftlich. In kurzer Folge bekam sie drei Kinder, denen sie trotz zeitweiliger Theaterengagements eine leidenschaftliche Mutter war. Als klar wurde, dass die Ehe zum Scheitern verurteilt war, begann Eva eine Ausbildung als Analytikerin an einem New Yorker Institut für Psychoanalyse. Sie wollte »Hindernisse aus dem Weg räumen«, meint sie zu dieser Berufswahl, eigene und die anderer Menschen. Zu viele Stolpersteine und Konflikte standen ihr bisher im Weg, um »tun und ausdrücken zu können«, was sie wollte. Jetzt tat sie dies in ihrem zweiten Beruf, mehr noch als im ersten. Eine kreative Psychotherapeutin sei sie gewesen, lässt mich Eva Wellisz wissen: »Ich konnte die Gefühle der Patienten auffangen wie ein emotionaler Katalysator.«

Später erlebte Eva Wellisz eine neue, in jeder Beziehung ganz große Liebe mit einem polnischen Universitätsprofessor. Jahrelang konnten sie sich nur heimlich lieben, bis beide geschieden waren. Als Eva den Mann ihres Lebens endlich heiraten konnte, als sie mit ihren und seinen Kindern zusammenlebten und alles gut zu werden schien, schlief er nicht mehr mit ihr. Gestraft mit dem Schlimmsten, das man ihr antun konnte, ließ sich die Verschmähte noch einmal scheiden. So hätte sie nicht leben können, sagt sie traurig, sie hätte sich gefühlt wie ein alter Sack und wäre wahrscheinlich bald an Krebs oder sonst etwas gestorben. »Mein Lebensgefühl, ich selbst und die Energie, die ich in mir habe, wären dahingeschwunden, verdorrt wie ein trockener Zweig.« Was für eine sexbesessene Person sie doch sei, hätten viele gesagt, ergänzt sie gedrückt. Und ich meine eine Träne zu sehen, die die Unbeugsame schnell verbirgt.

Nachdem ich das Interview abgetippt habe, treffe ich meine Protagonistin ein zweites Mal, um noch ein paar Fragen zu ihrer Kindheit zu stellen. Als wir damit fertig sind, sagt sie: »Als Folge von all dem – das wird mir eben erst klar – habe ich immer noch etwas Schüchternes auch im sexuellen Sinn. So sexualfreudig ich auch sein mag, habe ich doch noch immer das Bedürfnis, genommen zu werden, nachzugeben. Fantasien einer Amazone, die auf einem Mann reiten will, gehen mir vollständig ab.« Und jetzt erst erzählt sie mir den schönsten Traum aus der Zeit in England, als sie dreizehn war: Eva wird von einem afrikanischen Stamm entführt und soll dessen Göttern geopfert werden. In der Mitte des Stammesdorfes, in einem Gehege, das von einem weißen Zaun umgeben ist, wird sie gefangen gehalten. Es ist Nacht, und sie ist ganz allein mit der furchtbaren Gewissheit, dass das Opfer bei Sonnenaufgang vollzogen werden soll. In der Morgendämmerung aber sieht sie einen mächtigen, alles überragenden Berg, der nur der Olymp sein kann. Auf dessen Gipfel schimmert ein kleines Licht. Dann hört sie die donnernden Hufe eines Stiers, lauter und lauter, näher und näher. Als sie ganz nah sind, hat sich Eva in eine weiße Kuh verwandelt, Opfer und Geliebte für den olympischen Stier zugleich. Glücklich und von überschäumender Lust durchströmt, erwartet sie den Gott in Tiergestalt.

Danksagung

Ich danke allen Protagonisten für die Aufgeschlossenheit, mit der sie mir Interviews zu ihrer Kindheit gaben und mir erlaubten, ihre Erinnerungen aufzuschreiben. Dazu gehören im Fall von Judith Malina und Dirk Bach auch deren Erben.

Ebenso danke ich den Freunden und Bekannten, die mich mit Interviewpartnern bekannt gemacht haben. Bedanken möchte ich mich auch bei meiner Freundin und Kollegin Claudia Steinberg für ihre Hilfe bei der Autorisierung eines der wichtigsten Texte.

Besonderer Dank gilt meinen Verlegern Katrin Fischer und Dieter Bertz für den Mut, ein sich dem Zeitgeist widersetzendes Manuskript zu veröffentlichen.

Ulrike Heider, Jg. 1947, studierte Politik und Germanistik. 1978 promovierte sie an der J.-W.-Goethe-Universität Frankfurt. Von 1976 bis 1982 war sie Lehrbeauftragte an der Universität Frankfurt und an der Universität Kassel. 1988 zog sie nach New York und war Visiting Scholar an der Columbia University. Seit 2000 lebt sie als freie Schriftstellerin in Berlin und New York. Sie schrieb Bücher, Essays und Radiosendungen zu den Themen Schüler- und Studentenbewegung, Anarchismus, afroamerikanische Politik und Sexualität.

Bücher: *Vögeln ist schön – Die Sexrevolte von 1968 und was von ihr bleibt*, Berlin 2014 | *Keine Ruhe nach dem Sturm*, Hamburg 2001 | *Schwarzer Zorn und weiße Angst – Reisen durch Afro-Amerika*, Frankfurt 1996 | *Anarchism – Left, Right, and Green*, San Francisco 1994 | *Die Narren der Freiheit*, Berlin 1992 | *Der arme Teufel. Robert Reitzel – Vom Vormärz zum Haymarket*, Bühl-Moos 1986 | *Sadomasochisten, Keusche und Romantiker. Vom Mythos Neuer Sinnlichkeit*, Hamburg 1986 | *Schülerprotest in der Bundesrepublik Deutschland*, Frankfurt 1984

Bildnachweis

11: Flore und Blanscheflur: Diebold Lauber, ca. 1443, Archiv des Verlages | 13: Umschlag *Pole Poppenspäler*: Ausgabe von 1950, Archiv des Verlages | 14: *The Adventures of Tom Sawyer*: Selznick International 1938 | 14: Umschlag *Heidi*: Grafik Rudolf Münger, Ausgabe von ca. 1910, Archiv des Verlages | 15: *Unordnung und frühes Leid*: Illustration von Karl Walser / S. Fischer Verlag 1926 | 16: Umschlag *Lolita:* Olympia Press 1955 | 17: *Jahrbuch für Kinderheilkunde*: 1879, Archiv des Verlages | 19: Umschlag *Sexfront*: März Verlag 1970 | 26: Umschlag *Show Me*: St. Martin's Press 1975 | 27: Umschlag *Das Sexbuch*: Weltbild Verlag 1979 | 28: Umschlag *Körper, Liebe, Doktorspiele 4-6*: Bundeszentrale für gesundheitliche Aufklärung | 33: Kinderfoto Ulrike Heider: privat | 47: Kinderfoto Holger Franke: privat | 54, 57: Theater Rote Grütze: Holger Franke, privat | 62, 69, 72: Xavi und Samsabú Gudrich: privat | 79: Kinderfoto Klaus Staeck: privat | 95: Kinderfoto Judith Malina: privat | 97: Judith Malina, Julian Beck: Bam Blog | 102: Judith Malina auf der Bühne 1983: Gorupdebesanez/Wikipedia | 123: Amor und Psyche: Dr. Bernhard Decker Kunsthandel, Frankfurt am Main, Foto: Walter Breitinger | 130: *Pearly*, Skulptur von Chris Piazza: Foto: Michael Hnatov Photography; www.mhnatov.com | 133: Kinderfoto Chris Piazza: privat | 149: Portrait von Claudia Steinberg: Sigrid Rothe | 154: *Überleben in New York*: Rosa von Praunheim 1989 | 159: *Portrait Christa Müller:* Gemälde von Gregor Cürten, www.gregorcuerten.com | 160: *Doktorspiele:* Gemälde von Gregor Cürten, www.gregorcuerten.com | 176: Kinderfoto Dirk Bach: privat | 179: Thomas Geuskens und Dirk Bach: privat | 183: Kinderfoto Eva Wellisz: privat | 204: Portrait Ulrike Heider: George Larkins